DANIEL KWETE
ANAIS KWETE

On a toujours le choix

DANIEL KWETE
ANAIS KWETE

On a toujours le choix

Le bon choix

Éditions Croix du Salut

Imprint
Any brand names and product names mentioned in this book are subject to trademark, brand or patent protection and are trademarks or registered trademarks of their respective holders. The use of brand names, product names, common names, trade names, product descriptions etc. even without a particular marking in this work is in no way to be construed to mean that such names may be regarded as unrestricted in respect of trademark and brand protection legislation and could thus be used by anyone.

Cover image: www.ingimage.com

Publisher:
Éditions Croix du Salut
is a trademark of
Dodo Books Indian Ocean Ltd. and OmniScriptum S.R.L publishing group

120 High Road, East Finchley, London, N2 9ED, United Kingdom
Str. Armeneasca 28/1, office 1, Chisinau MD-2012, Republic of Moldova, Europe
Managing Directors: Ieva Konstantinova, Victoria Ursu
info@omniscriptum.com

Printed at: see last page
ISBN: 978-620-2-48232-5

Table des Matières

Liste sommaire des abréviations et mots difficiles

A. : Antoine

Etc. : Et cetera (ainsi de suite)

(...) : La liste n'est pas exhaustive

Càd : C'est-à-dire

P : Pentecôtiste

Ex : Exemple

NB : Notez bien

Prof. : Professeur

MVP : "Most Valuable Player", se traduisant par "Joueur le plus utile" ou "Meilleur joueur"

Dr. : Docteur

C : Calvin

Co : Congo

Homo novus : Homme nouveau. Expression latine désignant, dans l'Antiquité romaine, un citoyen dont aucun ancêtre n'avait occupé de charge publique. Il accède pour la première fois à une telle charge sans être issu de la noblesse. Exemples célèbres : Marius, Cicéron, Marcus Vipsanius Agrippa et l'historien Tacite.

Choisisseur : Personne qui choisit, qui élit

Novice : Débutant ou personne manquant d'expérience dans un domaine donné

Bipartite : Composé de deux parties, groupes ou éléments

Inextricablement : ce mot signifie de manière indissociable ou de façon à ne pouvoir être séparé. Il est souvent utilisé pour décrire des situations, des idées ou des éléments qui sont étroitement liés et dont il est difficile de démêler les relations. Par exemple, on peut dire que deux problèmes sont inextricablement liés s'ils ne peuvent pas être résolus indépendamment l'un de l'autre.

Re.légal : Représentant légal

Krach : désigne une chute brutale et soudaine des cours des actions sur les marchés financiers.

« Il n'y a aucune honte à se relever après une chute. Il suffit de le faire pour réaliser que cela en valait la peine, et que c'était la meilleure chose à faire pour nous »

Daniel KWETE

DEDICACE

À nos très chers parents, Marguerite MWADI et John S. KABONGO, ainsi qu'à Godelieve BAHATI et Denis BANANGANA (d'heureuse mémoire). Pour avoir été à la fois des guides et des défis dans la réussite de notre vie commune.

À vous, nos précieux enfants, ODELIA et ANAËL KWETE, que nous aimons et chérissons avec le désir de vous voir faire de bons choix à l'avenir.

À tous ceux qui ont fait des choix qu'ils ont regrettés.

Et à vous tous qui hésitez concernant un choix dans un domaine ou un autre, trouvez ici une voie de sortie et de renforcement pour vos prochains défis.

REMERCIEMENTS

Au plus beau parmi les dix mille, Dieu Tout-Puissant, Maître du temps et des circonstances, qui a su donner l'encre à nos modestes plumes, nous rendons toute la gloire.

À ma tendre épouse, ma gazelle pleine de grâce, Anaïs MULILILWA KWETE, toi qui, par la grâce de Dieu, as été une grande source d'inspiration pour la rédaction de ce livre. Que le Seigneur, qui a déposé en toi cette noble pensée sur le choix, t'accorde davantage d'inspiration pour les prochaines rédactions et de nombreuses bénédictions. Tu m'as ouvert les yeux sur cette réalité en matière de choix.

Au Directeur de la DINACOPE KANANGA 1, Josué MAMBA, admirable aîné, modèle de rigueur dans le travail et conseiller pour le développement de cet ouvrage, trouve ici l'expression de notre profonde reconnaissance.

À notre ami et designer d'exception, Gabriel KAKUDJI, pour avoir été d'une grande aide dans l'élaboration de cette œuvre. Merci pour cette touche de maître apportée au revêtement de ce chef-d'œuvre.

À notre admirable frère, David NSENGA, pour avoir fait preuve d'une rigueur remarquable dans la critique de cet ouvrage. Nous ne saurions assez vous remercier.

Au Révérend Pasteur et Représentant Légal de la Communauté des Églises du Ministère d'Évangélisation la Révélation des Fils de Dieu (MERFiD), notre Père Spirituel, pour avoir été un défi dans la réalisation de grandes choses dans nos vies, mais aussi pour avoir fait preuve d'une aimable disponibilité pendant l'élaboration de ce qui est aujourd'hui devenu un met consommable. Que Dieu vous bénisse et vous accorde une longue vie pour Son œuvre et pour notre croissance locale.

À vous tous qui, de près ou de loin, avez été une source d'encouragement et de soutien considérables, recevez ici, du fond du cœur, l'expression de notre reconnaissance sincère

PRÉFACE

Préfacer ce livre est pour moi à la fois un honneur et une marque de confiance de la part de son auteur. C'est surtout une responsabilité de dire du bien et de témoigner ici que le Bien-aimé Daniel KWETE est un fervent chrétien et homme de Dieu, fidèle et respectueux, utile pour l'avancement de l'œuvre de Dieu et pour le perfectionnement des saints.

Je tiens à remercier Daniel ainsi que sa chère épouse, Anaïs KWETE, sans aucun regret de les avoir portés dans mon cœur.

La vie étant faite de choix, l'auteur nous invite à cerner la quintessence de ce mot. En effet, les résultats qui en découlent peuvent être irréversibles et graves, et même désastreux, non seulement pour celui ou ceux qui choisissent mal, mais également pour la société tout entière.

Ainsi, soutenus par la sagesse divine, et à travers les écrits de ce livre, nous sommes conviés à faire des choix judicieux en nous posant de vraies questions et en découvrant qui nous sommes vraiment. Car la qualité de notre vie, qu'elle soit bonne ou mauvaise, dépend toujours de nos choix :

« Qui choisit mal vivra et finira mal ; qui choisit bien vivra et finira bien » (Deut. 30:19-20).

Lire ce livre est donc un engagement à entrer dans l'atelier du Saint-Esprit afin de réajuster nos choix à la lumière de la parole de Dieu et des écrits inspirés de ses serviteurs, Anaïs et Daniel Kwete, pour une destinée fructueuse et glorieuse, et pour une société distinguée, orientée vers des décisions éclairées correspondant à de bons objectifs et à de bonnes valeurs, pour le bien-être et le bonheur de tous.

Celdi LUZOLO MWANDA DIMBI
Re.légal, COMMUNAUTÉ MERFiD

INTRODUCTION

L'existence humaine est inextricablement liée à une réalité essentielle qui façonne nos préférences et nos choix. Cette réalité nous pousse, face à de multiples options, à nous approprier une seule possibilité. Ce phénomène, connu sous le terme de "choix", a permis à des figures marquantes de l'histoire de laisser leur empreinte, qu'elle soit positive ou négative.

Dans le cadre du choix, Simon Pierre a soutenu le ministère de Paul auprès des païens devant les Apôtres et les anciens réunis à Jérusalem. Il a déclaré : « Hommes frères, vous savez que depuis longtemps Dieu a fait un choix parmi vous, afin que par ma bouche les païens entendent la parole de l'Évangile et croient. Et Dieu, qui connaît les cœurs, leur a rendu témoignage, en leur donnant le Saint-Esprit comme à nous ; il n'a fait aucune différence entre nous et eux, ayant purifié leurs cœurs par la foi » (Actes 15:7-9).

Pierre a ainsi défendu la démarche de Paul et de Barsabas, soutenu par Jacques. Cela a conduit tous les Apôtres, les anciens et l'ensemble de l'Église à décider d'envoyer, en compagnie de Paul et de Barsabas, Jude, appelé Barnabas, et Silas, pour apaiser les frères d'Antioche, en Syrie et en Cilicie, tout en leur adressant des recommandations sur l'abstention des viandes sacrifiées aux idoles, du sang des animaux étouffés et de l'impudicité (Actes 15:12-29).

Le choix est aussi le moyen par lequel Dieu a voulu nous offrir l'accès au salut, en nous appelant à aller vers les nations pour leur faire connaître le Christ.

En effet, le choix est une réalité que nous rencontrons quotidiennement. Bien qu'il soit omniprésent dans nos vies, nous ne prenons parfois pas conscience de son importance. Le choix ne se manifeste que lorsqu'au moins deux options nous sont présentées : accepter ou refuser, dire oui ou non, choisir entre le bien et le mal. Cela évoque l'existence de deux mondes opposés, la lumière et les ténèbres.

Imaginons-nous sur une route déserte où l'on découvre un billet de 100 USD qui traine alors qu'on est dans le besoin. Face à cette situation, deux attitudes s'offrent à nous : soit prendre le billet sans se faire remarquer, soit le laisser et poursuivre son chemin en espérant gagner de l'argent de manière honnête. Dans les deux situations, un choix doit être fait.

Pour approfondir cette notion de choix, plusieurs questions préliminaires se posent :

- Qu'est-ce qu'un choix ?

- D'où provient-il ?

- Quel modèle de choix devrions-nous adopter ?

- Avons-nous toujours le choix face à une épreuve, même lorsque la situation semble au-dessus de nos forces ?

Bien que cette liste ne soit pas exhaustive, nous pensons que ces questions, ainsi que d'autres, seront abordées dans la suite de notre développement.

CHAPITRE I : APERÇU HISTORIQUE DU MOT CHOIX

Dans ce chapitre, nous examinerons l'évolution historique du mot 'choix', en éclairant ses origines, ses significations successives et ses connexions avec divers concepts au fil des siècles.

SECTION 1 : ÉTYMOLOGIE

Le mot "choix" provient de l'ancien français "coisir", qui signifie distinguer ou voir distinctement, et du vieux francique "Kausjan", qui signifie goûter, examiner ou éprouver. Ses origines ont donné naissance à plusieurs dérivés linguistiques. Par exemple, c'est de sa racine germanique que sont issus l'anglais "(to) choose", l'allemand "kiesen" et le néerlandais "kiezen".

Au fil du temps, le mot "choix" a fini par supplanter "élire", ce dernier prenant un sens plus spécialisé. "Élire" est désormais plus approprié pour désigner la nomination à une place ou un poste de responsabilité par voie de suffrage, que ce soit en tant que représentant, pour conférer un titre ou un honneur, ou pour appeler une personne à siéger dans une assemblée en tant que député ou sénateur.

Nous envisageons le mot "choix" comme dérivé du verbe "choisir", qui se définit comme l'action de prendre quelqu'un ou quelque chose de préférence à un(e) autre en raison de ses qualités, de ses mérites ou de l'estime que l'on en a.

Il est également compris comme le fait de se décider, de se déterminer entre deux ou plusieurs options, d'opter pour un parti, une solution, etc. Ainsi, le choix est l'action de prendre ou de déterminer parmi deux ou plusieurs choses, options ou personnes, celles qui nous conviennent le mieux.

Il est donc pertinent de retracer la genèse du choix afin de mieux appréhender sa véritable nature. Pour cela, nous nous tournerons vers la Parole de Dieu, qui est la lumière du monde et la seule capable d'éclairer notre lanterne mieux que toute autre source de lumière.

SECTION 2 : ORIGINE BIBLIQUE

Le concept de choix existe depuis des temps immémoriaux, comme le dit un dicton bien connu. C'est une notion fondamentale qui a toujours été présente dans l'histoire de l'humanité, guidant nos actions et façonnant notre destinée. Plus précisément, c'est depuis la création du monde que le choix existe.

Nous le constatons dans le livre de la Genèse 1, au tout début, dans les trois premiers versets.

C'est ici que nous voyons pour la première fois Dieu faire un choix. Il est écrit : « Au commencement, Dieu créa les cieux et la terre. La terre était informe et vide : il y avait des ténèbres à la surface de l'abîme, et l'Esprit de Dieu se mouvait au-dessus des eaux. » Cette situation de crise a nécessité une réaction que seul Celui qui est à l'origine de toute existence pouvait offrir, je parle de notre Dieu.

Le verset 3 l'introduit de manière significative : « Dieu dit. » Le verbe "dire" ici représente l'acte créateur ; c'est la parole créatrice dont parle l'apôtre Jean : « Au commencement était la Parole... toutes choses ont été faites par elle, et rien de ce qui a été fait n'a été fait sans elle » (Jean 1:1-3). Ainsi, c'est par cette parole que le Dieu Tout-Puissant a choisi de créer dès le premier verset du chapitre 1 de la Genèse, résolvant la crise décrite au verset 2.

Ce choix est clairement souligné au verset 3 : « Que la lumière soit ! » Par ce choix de création, l'origine de tous les autres choix est établie. En créant l'homme, Dieu lui a donné la faculté de choisir, en lui conférant une volonté et un libre arbitre.

De la même manière, nous voyons ce choix être effectué par le Seigneur Jésus pour réconcilier l'homme avec Dieu le Père, mais aussi pour le sauver du péché qui l'avait éloigné de son Créateur (Apocalypse 5:1-10 ; Colossiens 2:13-15).

Dans Apocalypse 5, il est écrit : « Puis je vis dans la main droite de celui qui était assis sur le trône un livre écrit en dedans et en dehors, scellé de sept sceaux. Et personne dans le ciel, ni sur la terre, ni sous la terre, ne put ouvrir le livre ni le regarder. Et je pleurai beaucoup parce que personne ne fut trouvé digne d'ouvrir le livre ni de le regarder. Et l'un des vieillards me dit : ne pleure pas ; voici le lion de la tribu de Juda, le rejeton de David, a vaincu pour ouvrir le livre et ses sept sceaux. »

Je vis au milieu du trône et des quatre êtres vivants un Agneau qui était là comme immolé. Il avait sept cornes et sept yeux, qui sont les sept esprits de Dieu envoyés pour toute la terre. Il vint et prit le livre de la main droite de celui qui était assis sur le trône. Quand il eut pris le livre, les quatre êtres vivants et les vingt-quatre vieillards se prosternèrent devant l'Agneau, tenant chacun une harpe et des coupes d'or remplies de parfums, qui sont les prières des saints.

Ils chantèrent un cantique nouveau, en disant : « *Tu es digne de prendre le livre et d'en ouvrir les sceaux ; car tu as été immolé, et tu as racheté par ton sang des hommes de toute tribu, de toute langue, de tout peuple et de toute nation ; tu as fait d'eux un royaume et des sacrificateurs pour notre Dieu, et ils régneront sur la terre.* »

C'est par le terme « prendre », utilisé au verset 7 d'Apocalypse 5, que le choix du salut pour l'humanité a été arrêté par l'Agneau de Dieu : Jésus-Christ notre Sauveur.

En acceptant de prendre le livre et d'en rompre les sceaux, le Seigneur Jésus incarne le Dieu responsable en qui nous avons cru. Il prend ses responsabilités pour sauver l'humanité, réconcilier l'homme avec son Créateur et en faire un royaume et des sacrificateurs pour Dieu, malgré le grand silence qui a régné lorsque la recherche d'un digne pour ouvrir le livre a débuté. Le Seigneur Jésus a accepté sa mission et s'est porté garant pour l'homme pécheur.

La notion de responsabilité dans le choix mérite d'être approfondie, et sera abordée dans le second chapitre. Pour l'heure, le choix, étant la conséquence d'une délibération personnelle, ne saurait être évoqué sans faire référence à deux concepts clés : la pensée et la décision.

- Quel rapport peut-il y avoir entre le choix et la pensée ?
- Quelle relation tissons-nous entre le choix et la décision ?

SECTION 3 : LE CHOIX ET LA PENSÉE, DEUX COMPAGNONS INDISSOCIABLES

Lorsque j'étais en terminale de mes études primaires, un jour, lors d'une discussion avec des amis sur le profil de la femme idéale avec qui nous souhaiterions nous marier, j'ai déclaré : « Voici à quoi la mienne ressemblera : elle sera métissée, grasse et muswahili. »

Cette pensée, grâce à Dieu, est devenue réalité le jour où j'ai épousé ma tendre épouse, Anaïs MULILILWA KWETE. Elle incarne à la fois l'image que je m'étais faite ce jour-là en sixième primaire, mais aussi la réponse de Dieu à ma prière à ce sujet, lorsque le moment est venu pour moi de faire ce choix, deux ans après la fin de mon second cycle universitaire.

De cette illustration, il ressort clairement que la pensée joue un rôle crucial en matière de choix, d'où l'importance de définir le concept.

La pensée se définit comme « le fait de penser à quelque chose, d'imaginer ce qui n'est pas réel ou présent ; image ; représentation ainsi fournie, idée ».

Ainsi, tous les choix de l'homme, avant d'être le résultat de ce que nous voyons ou touchons, commencent par des pensées qui prennent forme pour devenir ce que nous appelons des postulats, des travaux, des élections, des innovations, des inventions, etc.

L'idée d'inventer ou de créer quelque chose de nouveau est toujours à la base des créations.

Tout ne commence pas toujours par le produit fini que nous voyons ou apprécions, mais plutôt par une idée ou une pensée silencieuse dans l'esprit des inventeurs. Cette pensée se développe, commence petit à petit à prendre corps pour enfin donner naissance à des théories scientifiques proposées par les inventeurs.

À votre avis, la genèse de la théorie de la relativité d'Albert Einstein est-elle née au moment où il devait faire face à des mathématiciens et physiciens comme lui pour démontrer sa consistance, ou d'abord dans sa pensée avant d'être accessible aux autres ? La réponse est claire : d'abord dans sa pensée.

Avant que Dieu ne commence à créer, la Bible nous donne expressément un verbe dans le processus de création : « *Puis Dieu dit…* » Le verbe « dire » ici n'est pas anodin ; il représente l'expression matérielle de l'idée dans l'esprit de notre Dieu.

La parole de Dieu devient donc l'idée exprimée par Lui, traduite en mots qui sont à la base de toute la création et qui traduisent sa volonté pour l'humanité.

Une chose est de penser, d'avoir une idée ; une autre est de savoir lever les options pour, à la fin, se réjouir d'avoir bien fait quelque chose, en somme, d'avoir bien agi. C'est pourquoi la notion de délibération ou de prise de décision s'impose à nous.

SECTION 4 : CORRÉLATION ENTRE LE CHOIX ET LA DÉCISION

De nombreuses pensées traversent notre esprit, mais peu d'entre elles déterminent réellement notre être. Seules les pensées que nous nous appropriions deviennent les choix que nous réalisons. Lorsque l'on s'approprie une pensée, cela conduit inévitablement à une décision. Celui qui décide d'agir fait alors un choix.

Prenons l'exemple d'un juge à qui l'on soumet une situation litigieuse. Pour appliquer la règle de droit, il doit être capable de prendre une décision après avoir écouté les deux parties antagonistes. Il est de sa responsabilité d'explorer toutes les options nécessaires afin que sa réflexion soit suffisamment éclairée, et qu'à la fin, il estime avoir rendu un jugement juste.

Le choix étant inévitable, l'homme doit faire preuve de fermeté dans ses décisions pour devenir un bon décideur. Cela signifie qu'avec une bonne dose de détermination, nous ne devons pas nous laisser influencer par les diverses opinions, même si elles sont incongrues.

Celui qui prend de bonnes décisions doit non seulement savoir se décider, mais aussi faire preuve de fermeté pour ne pas changer d'avis et éviter de regretter son choix plus tard. La détermination est essentielle pour garantir des résultats positifs issus de nos choix.

La pensée, une fois exprimée par la parole, rencontre souvent des obstacles, tels que le découragement ou le mépris de certaines personnes. C'est uniquement grâce à notre détermination et notre résolution que nous pouvons justifier les choix que nous faisons, surtout lorsqu'ils sont bien réfléchis. Lorsque nous décidons d'arrêter de fumer, de boire de l'alcool ou d'abandonner toute autre action nuisible, y compris le péché, seule notre résolution peut nous permettre de vivre une véritable libération.

En 1905, Albert Einstein a développé la théorie de la relativité, mais ce n'est qu'en 1915 qu'elle a connu un essor significatif qui perdure jusqu'à nos jours. Cela illustre bien le fait que nos idées sont souvent déterminées par nos actions.

Agissons avec détermination !

CHAPITRE II : LE CHOIX ET SES FACETTES

Étant donné que la responsabilité nous oblige à assumer les actes que nous posons, qu'ils soient bons ou non, la notion de "choix" ne saurait rester en retrait à ce sujet. En effet, en tenant compte de ce que nous avons relevé précédemment concernant l'Agneau de Dieu, nous constatons avec admiration qu'il a pris ses responsabilités en ouvrant le livre de vie et en rompant ses sceaux.

Il convient alors de noter que le choix est une responsabilité, mais une responsabilité qui incombe aux responsables. Cela implique des attitudes que doivent adopter les décideurs après avoir agi.

SECTION 1 : LE CHOIX, UNE RESPONSABILITÉ DES RESPONSABLES

Lorsque ma femme et moi avons envisagé de nous marier, notre église locale (l'Église MERFiD) nous a soumis à une formation de fiançailles, visant à nous préparer à la célébration nuptiale et surtout à la vie commune des mariés.
Au cours de ces sessions, notre encadreur et responsable du département, Papa Auguy BANZA, avait l'habitude de répéter une phrase : "Le mariage n'est pas une affaire d'enfants. C'est une affaire de grands, de responsables."

Nous avons bien intégré cette phrase lorsque nous nous sommes mariés et, surtout aujourd'hui, en tant que parents de deux merveilleux enfants. Nous le comprenons encore mieux lorsqu'il s'agit de gérer notre foyer.

Certes, il est essentiel de savoir faire des choix, mais il est tout aussi important de les assumer pour que notre profil de responsable soit pleinement développé.

Cela nous amène à considérer comment notre Dieu se présente comme le modèle par excellence en la matière, et comment nous pouvons nous-mêmes endosser cette responsabilité. Ainsi, la notion de responsabilité dans le choix est "bipartite", c'est-à-dire que :

- D'une part, il y a des choix que nous subissons, qui ne sont pas le résultat de notre libre arbitre, mais qui sont simplement le fruit du choix de Dieu pour nous, en tant que notre Créateur. Il a pris ses responsabilités en nous les faisant subir, sans avoir besoin de notre point de vue.

- D'autre part, il y a des choix qui se présentent à nous et qui nous demandent de prendre nos responsabilités. Ces choix exigent que nous sachions ce qui est juste ou convenable pour nous à ce moment-là.

1.a. Le choix qui relève de la responsabilité de Dieu

Dieu fait et continue à faire pour nous des choix qu'il estime souverains, justes et convenables. Au-delà de l'amour qu'il porte à l'homme, il est édifiant de constater la manière dont il le traite, malgré sa désobéissance dans le jardin d'Éden. Dieu a été le premier blessé par les actions de l'homme, mais c'est lui qui initie le remède au problème causé par le premier Adam, choisissant de le revêtir de la peau d'un animal pour couvrir sa nudité et promettant un plan de salut pour l'homme qui l'a déçu.

Dans sa quête d'un homme à envoyer sur Terre, Dieu n'a trouvé personne d'autre capable d'accomplir cette mission, à l'exception de lui-même. Il a agi sans l'avis ni la contribution de l'homme, qui aurait dû être le premier à chercher un remède à son propre problème. Il est indéniable que « Dieu fait et continue de faire pour nous des choix personnels et souverains auxquels nous n'avons ni pouvoir ni responsabilité ».

Ainsi, sans demander notre avis, Dieu a choisi pour nous une famille, un peuple, une époque, une nation, un continent, afin que nous y naissions et grandissions. Il nous a dotés d'habiletés, de talents, de dons, et a préparé pour chaque être humain une vocation spécifique. Il a également choisi notre sexe, notre timbre vocal, la couleur de notre peau et de nos yeux, et bien d'autres caractéristiques physiques et psychiques. Nous ne sommes pas responsables des choix faits à notre place, et Dieu ne nous consulte jamais à ce sujet.

Que nous mesurions cinquante ou soixante-dix mètres, que nous soyons nés dans un village en 1997, que nous fassions partie de la tribu Kete ou Rega, ou que nous ayons des cheveux crépus, ces éléments ne sont ni des vertus ni des vices. Beaucoup de gens ne sont pas satisfaits des choix faits pour eux par Dieu et se laissent envahir par l'envie des autres, souhaitant être à la place de quelqu'un d'autre. Certains aspirent à ressembler à un papillon, un lézard ou une fleur, comme en témoignent les pratiques modernes de scarification.

D'autres cherchent à travers le tatouage et des transformations à se rapprocher des animaux, des extraterrestres, voire du diable. Certains auraient même voulu être chevaliers à l'époque de Louis XIV, des héros, ou naître sur un autre continent, comme dans la famille d'Obama ou celle du Président Félix A. Tshisekedi.

Il est triste de voir tant de personnes vivre dans l'insatisfaction à cause des choix qu'elles ont subis. Pourtant, Dieu, dans sa justice et sa souveraineté, ne fait rien par hasard. En utilisant nos apparentes faiblesses, il transforme nos débuts parfois doutes en occasions de révéler sa gloire et de donner de la valeur à notre parcours. Chaque destinée étant connue de lui, Dieu choisit de tracer pour chacun une voie unique, avec les moyens nécessaires (peau, cheveux, taille, sexe, continent, famille, tribu…) pour y parvenir.

Une vérité s'impose à ce niveau : *« la diversité est une richesse »*. C'est en voyant les Noirs, les Blancs, les Jaunes et les Rouges, que nous comprenons mieux la notion de la beauté et celle de race.

Avez-vous déjà imaginé un monde où tout serait teint en bleu Bic ? Un monde monochrome, où les personnes, les animaux, les plantes, les montagnes et l'eau seraient tous bleus ? Nous nous en lasserions rapidement et souhaiterions découvrir autre chose. Cela illustre la créativité des artistes, tant classiques que contemporains, ainsi que des stylistes d'aujourd'hui, qui nous émerveillent par leurs combinaisons de couleurs.

En effet, nos différences ne devraient pas être la cause de conflits dans nos relations, mais plutôt ce qui enrichit la création de notre Dieu. Par ailleurs, Dieu affirme dans sa Parole que si nous l'aimons, quel que soit notre contexte de vie, il déploiera sa puissance et sa sagesse pour faire concourir toute situation à notre bien (Romains 8 :28).

Ne vous inquiétez pas, le choix de Dieu est toujours bien fait. Il peut revêtir diverses formes, à nous de le découvrir.

1.b. Le choix qui relève de la responsabilité de l'homme

Face à la diversité des races, des langues, des niveaux d'instruction et des classes sociales sur Terre, le choix est à la portée de tous, sans exception. En opérant ce choix, les conséquences qui en découlent nous donnent un aperçu de la validité de notre décision. C'est en fonction des effets de nos choix que nous pouvons conclure s'ils ont été bons ou mauvais.

Il est important de noter que, quelle que soit la conséquence de nos choix, nous devons être prêts à en assumer la responsabilité, qu'ils soient bons ou mauvais. Il est triste de constater que rares sont ceux qui assument facilement les choix qu'ils ont faits.

S'ils ne rejettent pas la faute sur autrui, beaucoup considèrent que les conséquences fâcheuses leur sont tombées dessus sans qu'ils en soient responsables.

Ayant passé une grande partie de ma vie avec des enfants, j'ai observé avec désolation que certains d'entre eux, lorsque fautifs, n'admettent que très difficilement leurs erreurs, souvent par peur de la punition.

Si pour les enfants, cette difficulté provient de la peur, pour les adultes, cela peut être dû au regard des autres, à la peur de l'inconnu, à l'orgueil ou à d'autres influences. Dans tous les cas, il est essentiel de reconsidérer ses choix pour trouver le bon chemin. C'est ainsi que l'on acquiert de l'expérience dans tous les domaines de la vie : l'école, l'entrepreneuriat, le leadership, le ministère, et bien d'autres.

L'homme a une responsabilité dans ses choix, car Dieu lui offre souvent une sorte de passe décisive, une opportunité, un défi. C'est à lui de faire le bon choix pour en tirer profit ou pour apprendre de ses erreurs.

Dans le livre de Deutéronome, chapitre 30, à partir du quinzième verset, Dieu propose à l'homme un choix : celui entre la vie et la mort, entre le bien et le mal. Il lui recommande de choisir la vie et le bien. Il appartient à l'homme d'assumer ses responsabilités en optant pour le bien. S'il choisit le mal, il doit également accepter les conséquences et chercher à faire mieux à l'avenir, sans chercher d'excuses ou blâmer les autres pour une situation qui dépendait de lui.

Notre livre aborde la question de la responsabilité de l'homme dans le choix.

Question : Comment, dans cette responsabilité, appréhender convenablement la notion du choix ?

SECTION 2 : LE CHOIX, COMPATIBILITÉ ET CONVENANCE DU CHOISISSEUR

2.a. Le choix, compatibilité du choisisseur

Il convient de noter que l'homme ou la femme de notre vie ne devrait pas nécessairement découler d'une recommandation papale, amicale ou autre, ni d'une prophétie donnée par un homme de Dieu.

En effet, si vous découvrez que la personne avec laquelle vous vous êtes engagé à la suite d'une telle recommandation ou prophétie est remplie de défauts ou n'est pas celle qu'il vous fallait, vous pourriez alors regretter, vous soucier, et même blâmer tout le monde, y compris Dieu ou le prophète, d'avoir été uni à la mauvaise personne.

Cela nous rappelle la situation du jardin d'Éden, où Adam, après avoir désobéi à Dieu, cherche à imputer sa faute à sa partenaire, qui, d'ailleurs, n'avait pas reçu d'instruction divine en premier lieu. Il dit : « C'est la femme que tu m'as donnée… », une manière pour lui de dénier sa responsabilité dans cette affaire.

Un aspect très important est à prendre en compte dans le choix de la personne avec qui nous devons nous engager pour la vie dans le mariage. En revenant à la situation du commencement, là où tout a commencé, c'est-à-dire dans le jardin d'Éden, nous constatons qu'après avoir créé la femme (Ève) à partir de la côte de l'homme (Adam), Dieu fait quelque chose que plusieurs d'entre nous ne réalisent pas dans sa façon de procéder.

En effet, après avoir achevé de créer la femme, Dieu l'amène devant Adam sans rien dire. Le verbe "amener" ici apporte un éclaircissement important concernant la volonté de Dieu pour Adam. Dieu lui présente une créature nouvelle, et c'est devant elle qu'Adam choisit de voir, au-delà de la nouveauté de la création, l'os de ses os, la chair de sa chair, mais surtout une femme. Il le dit lui-même : "On l'appellera femme" (Genèse 2:23).

Par les paroles d'Adam et surtout dans la suite du verset 24, nous voyons clairement comment il choisit de l'accepter comme femme à laquelle il s'attacherait pour former "un", un tout indissociable, ce qui renvoie au sens même du mariage prôné par Dieu.

Certes, Dieu, dans sa volonté, souhaitait que la solitude d'Adam soit comblée par la plénitude de la femme, Ève. Cependant, après l'avoir créée, Dieu l'a amenée devant Adam pour que celui-ci sache quoi faire, c'est-à-dire s'approprier la notion essentielle du choix. Ici, le choix à faire concerne la femme de notre vie, basé sur la notion de **"compatibilité"**.

En effet, le Larousse illustré définit ce qui est "compatible" comme "ce qui peut s'accorder ou coexister avec un autre".

Cette notion de compatibilité doit être comprise en termes de coexistence avec un autre, ou plus précisément avec quelqu'un qui peut accepter de coexister avec une personne qui n'était pas là au départ, mais qui, du fait du choix porté sur lui ou elle, accepte d'adhérer à cette coexistence.

Cette notion a été très bien comprise par Adam lorsqu'il voit Ève pour la première fois. Non seulement il s'identifie à elle en parlant de l'os de ses os, chair de sa chair, mais il reconnaît également que la personne en face de lui mérite qu'il, Adam, quitte son père et sa mère pour s'attacher à sa femme, Ève. Ainsi, ils forment un tout indissociable.

2.b. Le choix, convenance du choisisseur

Autant on dit toujours pour apprécier un homme compétent : « L'homme qu'il faut à la place qu'il faut », autant faire le choix exige de la convenance. Ce qui nous a plu en analysant la portion d'écriture ci-dessus (Genèse 2:23-24), c'est qu'il est convenable de comprendre cela aussi du point de vue du plan de Dieu, le tout premier évidemment.

L'homme ou la femme de notre vie est à la fois celle qui se trouve dans sa volonté pour nous, mais aussi celle qui se trouve parmi plusieurs qu'il nous amène au-devant, chez qui nous devons trouver la possibilité de nous identifier singulièrement. Dans ce domaine, nous devons savoir trouver la personne qui nous convient, notre semblable, en qui nous pouvons dénicher l'os de nos os, la chair de notre chair. Bref, la personne que nous aimons, qui nous plaît, et avec qui nous accepterons de coexister.

Si donc tu ne veux pas regretter de t'être engagé avec une personne qui ne te convenait pas ou avec qui tu ne pourrais pas vivre en raison de la recommandation, de la prophétie, etc., et que tu n'encours pas le risque de blâmer les autres, le pasteur, le prophète ou le Dieu du prophète, de t'avoir fait rater la chance de réussir dans ce domaine, rassure-toi de ces trois choses :

- Qu'elle soit une personne voulue par Dieu ; celle pour qui nous avons fait connaître notre manque ou notre solitude à Dieu par la prière.
- Une personne que nous aimons et avec qui nous arrivons à nous identifier, une personne pour qui nous ne pouvons pas ressentir la même affection que pour les animaux et les plantes que Dieu a créés, mais pour celle-ci, nous ressentons une profonde affection, celle de l'os de nos os et de la chair de notre chair.
- Enfin, nous devrions être prêts à coexister avec cette personne, à l'accepter pour toute une vie.

La coexistence oblige celui qui doit se lancer dans la nouvelle étape de sa vie à prendre le temps de considérer s'il saura passer toute une vie avec la personne en face de lui, malgré ses défauts, son comportement, son caractère et tout ce qu'on peut attendre de mieux.

Aux États-Unis, sur cent pour cent des divorces prononcés par le juge, les trois quarts ne l'ont été que parce que les conjoints, malgré l'amour brûlant et non éteint en eux, ne pouvaient plus faire une chose : **"cohabiter"** ou, pour dire mieux, coexister ensemble. Il est donc important de rassembler ces trois éléments du puzzle pour être au moins sûr d'avoir fait un choix judicieux et non regrettable.

Le choix implique de faire face à un certain nombre d'embûches avérées ; voici quelques mauvaises paroles auxquelles plus d'une personne ne cesse malheureusement de se susurrer lorsqu'elle est appelée à choisir.

CHAPITRE III : SERT FAUSSES CROYANCES À ÉVITER EN MATIÈRE DE CHOIX

Faire des choix éclairés est un défi complexe, car nos décisions sont souvent influencées par de nombreux biais cognitifs et idées reçues tenaces. Il est essentiel de prendre conscience de ces fausses croyances afin de parvenir à des choix réfléchis et en phase avec nos valeurs.

III.1. C'ÉTAIT PLUS FORT QUE MOI (Philippiens 4 :8)

Plusieurs d'entre nous font partie de ceux qui veulent justifier leurs erreurs en se servant de cette phrase d'excuse. Lorsqu'ils sont confrontés à une tentation qu'ils ont peut-être déjà suffisamment déplorée ou même abandonnée, ils brandissent cette phrase pleine d'excuses : « C'était plus fort que moi ».

Prenons l'exemple d'un ancien alcoolique qui se convertit et se retrouve un jour à boire sur une terrasse. Même si un ami de longue date l'y a invité, il ne devrait surtout pas croire qu'il ne pouvait pas faire la différence face à l'alcool, ni se consoler en prétendant que c'était plus fort pour lui de ne pas boire.

En effet, le simple fait de se rendre dans cet endroit était un mauvais départ. Choisir d'entrer dans un milieu qui réveille de vieux et mauvais souvenirs, et accepter une invitation d'une personne prête à lui proposer ce qu'il avait déjà abandonné, tout cela constitue une pression inutile qu'il s'est lui-même imposée.

Cependant, malgré ce mauvais départ, deux bons choix s'offraient à lui :

- Ne pas se rendre dans cet endroit propice à la chute et à la tentation ;

- Ou, s'il s'y trouvait déjà, se lever et partir dès qu'il ressentirait la tentation. Cela l'aurait épargné de retomber dans l'erreur qu'il avait déjà vaincue.

III.2. JE N'EN PEUX PLUS

Ceci est une autre phrase à laquelle plus d'un croit et qu'ils utilisent pour justifier leur relâchement dans ce qu'ils font : un travail, une entreprise, des études ou un effort fourni. En réalité, cette phrase exprime souvent chez beaucoup le refus de supporter, de tenir bon.

Bien que certaines souffrances soient inévitables, nous devons les supporter patiemment, tout en nous confiant en Dieu, car il est un appui qui ne manque pas dans la détresse. Le Seigneur Jésus lui-même a beaucoup supporté pour nous, et il souhaite nous voir faire de même, car c'est sur la base de notre effort qu'il viendra suppléer avec sa grâce.

Notons que, dans la marche éprouvante du chrétien, un effort doit toujours être fourni de sa part avant que l'Éternel ne vienne suppléer avec sa grâce, qui est toujours présente aux côtés de ceux qui le craignent. Il dit à Josué :

« Personne ne pourra te résister tant que tu vivras. Je serai avec toi comme j'ai été avec Moïse, je ne te délaisserai pas et je ne t'abandonnerai pas. Fortifie-toi et prends courage, car c'est toi qui mettras ce peuple en possession du pays que j'ai juré à leurs ancêtres de leur donner. Seulement, fortifie-toi et aie bon courage en te conformant fidèlement à toute la loi que Moïse, mon serviteur, t'a prescrite. Ne t'en écarte ni à droite ni à gauche afin de réussir où que tu ailles. Que ce Livre de la loi ne s'éloigne pas de toi ! Médite-le jour et nuit pour agir avec fidélité conformément à tout ce qui y est écrit, car c'est alors que tu réussiras. Ne t'ai-je pas ordonné : 'Fortifie-toi et prends courage ? Ne sois pas effrayé ni épouvanté. Car l'Éternel, ton Dieu, est avec toi où que tu ailles. » (Josué 1 : 5-9)

Dans cet extrait, on remarque que l'impératif « Fortifie-toi et prends courage » revient trois fois, soulignant la responsabilité de Josué. Il en va de même pour une personne qui fait face à une situation qui la pousse à croire qu'elle n'en peut plus. Elle devrait se fortifier et prendre courage, car elle vit encore. Et du fait de cette vie, il y a et il y aura toujours de l'espérance.

III.3. JE N'Y PEUX RIEN

Dans la même veine que la précédente fausse croyance, cette phrase d'usage fréquent exprime également le sentiment de désarmement d'une personne conformiste. Elle ne fait rien pour changer les choses et pense qu'il n'y a rien qu'elle puisse réellement faire. C'est le type de personne qui accepte les lois de sa famille, son environnement, la pauvreté, l'échec, etc. Elle se résigne à échouer sans fournir d'effort pour relever la pente, tout en se disant que c'est là la volonté de Dieu.

Au lieu de se laisser aller, il est préférable d'essayer, car la différence ou le bon résultat ne peut venir que de nos propres efforts.

Dans mon parcours universitaire, j'ai vécu une situation presque similaire. Après avoir terminé ma première session, j'ai découvert, lors de la délibération, que j'avais obtenu 63 % et que je devais refaire cinq cours, malgré les efforts considérables que j'avais fournis. Cela m'a attristé, me poussant à me demander si ce n'était pas la volonté de Dieu que j'échoue cette année-là.

Cependant, quelques temps après, je me suis ressaisi et j'ai décidé de bien me préparer, espérant obtenir de meilleurs résultats lors de la seconde session, voire même une distinction. Malheureusement, à la délibération suivante, j'avais seulement 65 % avec deux vides dans des cours importants que j'avais pourtant bien présentés.

À ce moment-là, la phrase sur la volonté de Dieu est revenue avec une force accrue. Je me suis demandé si ce n'était pas finalement la volonté divine que je ne puisse pas terminer mes études cette année-là, alors que j'avais l'habitude de réussir en première session. Après avoir réfléchi pendant quelques heures, je me suis rendu compte qu'il s'agissait en réalité d'un combat de fin de cycle, et que la clé de ma victoire résidait dans la persévérance et l'action. J'avais encore une ultime possibilité de réussite : le recours.

Je me suis donc décidé à introduire le recours concernant les vides que j'avais. Dieu merci, j'ai obtenu gain de cause, et mes notes omises m'ont été restituées. Cela m'a permis d'atteindre un total de 67,6 %, ce qui m'a permis de terminer ma licence en droit privé et judiciaire à l'université de Lubumbashi (RDC).

De cette expérience vécue, j'ai tiré une leçon précieuse : peu importe la taille de l'épreuve que vous rencontrez, il y a toujours quelque chose que vous pouvez faire tant que ce n'est pas fini, surtout lorsque Dieu est de votre côté. Ne vous laissez jamais désarmer, car pour ceux qui bénéficient de la faveur de Dieu, il est toujours possible de faire la différence.

III.4. JE N'Y ARRIVERAI JAMAIS

Cette quatrième phrase, qui alimente la croyance de nombreuses personnes, caractérise celles qui ne voient rien de bon en elles, ni dans ce qu'elles font. Elles se perçoivent d'un mauvais œil et sont prêtes à dire : « Je n'y arriverai jamais ».

À ce stade, une vérité s'impose : il n'y a pas de meilleur motivateur dans la vie d'une personne que soi-même. On est le meilleur prophète de sa propre vie, et sa propre bouche est l'instrument le plus puissant. Il ne faut jamais dire « jamais », car ce mot exprime une limitation imposée à notre capacité de réaliser quelque chose de différent, quelque chose de bien plus grand que notre imagination.

Quiconque croit en ses réalisations et les confesse nourrit ses actions, ce qui lui permet de s'orienter vers l'accomplissement de tout ce qu'il projette. Un basketteur qui doute de sa capacité à marquer 50 paniers dans un match, et qui ne travaille pas pour se démarquer, ne deviendra jamais une légende ou un **MVP** de la trempe de Michael Jordan.

En tant que prophète de sa propre vie, il compromet déjà son enthousiasme à s'entraîner pour atteindre ses objectifs.

Témoignage de Michael Jordan :

Lors d'un de ses témoignages, Michael Jordan a déclaré qu'avant de devenir la légende que nous connaissons, les choses n'ont pas toujours été faciles pour lui. Il n'a pas été sélectionné pour l'équipe de basket de son lycée parce qu'il n'était pas assez grand et pas assez doué selon les sélectionneurs. Cela l'a dévasté au début, mais il a ensuite utilisé cette expérience comme moteur de sa motivation.

Démosthène, le plus grand orateur grec, a également surmonté de grandes difficultés de langage pour devenir une véritable référence en art oratoire. Il a cru en la technique des galets. En répétant des vers avec des galets entre les dents, à haute voix, il a fini par dominer le bruit des vagues, réussissant ainsi à surmonter son défaut de langage et à s'ériger parmi les plus grands orateurs que le monde ait connus.

Ils ont cru en eux et ont vu qu'ils y sont parvenus.

Fais de même en bannissant cette fausse croyance selon laquelle tu n'y arriverais jamais. Ainsi, tu te forgeras une légende.

III.5. C'EST FINI POUR MOI

Cette phrase exprime malheureusement la croyance de certaines personnes. Elles font tellement confiance à une personne qu'elles croient qu'elle est capable de tout ce que personne d'autre ne peut faire pour elles. En l'absence de cette personne, un tel désespoir peut se lire en elles qu'on en vient à se demander comment cela est possible.

C'est une grave erreur de penser qu'une personne, quelle que soit sa richesse, peut fournir tout ce dont une autre personne a besoin. Peut-on acheter la paix du cœur à prix d'argent ? Absolument pas ! Cela relève du domaine privé de notre Dieu, qui, en ce qui concerne le Seigneur Jésus, est décrit comme « **le Prince de paix** ». Il procure une paix que le monde ne peut offrir.

Ainsi, pour quelqu'un qui pense que c'est fini pour elle pour une raison ou une autre, il est essentiel de revenir près du Prince de paix, qui a toujours des solutions inépuisables et qui donne la paix à tous ceux qui croient que tout est perdu, alors qu'ils n'ont rien essayé.

Rien n'est fini pour vous tant que vous n'avez pas essayé. Tant que vous n'avez pas tout tenté avec Dieu, rien n'est véritablement terminé. Au contraire, cela ne fait que commencer.

III.6. SI JE SAVAIS

Un ami avec lequel j'avais terminé mon deuxième cycle à la faculté de Droit m'a fait une confidence étonnante après avoir terminé sa formation à l'académie militaire de Kananga. Ce choix avait été précédé d'une période difficile pour nous, marquée par des galères et un manque d'emploi pour la majorité de nos camarades de promotion.

Chacun a alors opté pour une voie à laquelle s'accrocher pour se bâtir un avenir. Certains se sont lancés dans l'entrepreneuriat, d'autres ont trouvé des emplois dans des entreprises locales, certains ont choisi de poursuivre une carrière juridique, tandis que d'autres attendaient désespérément une magistrature qui tardait à venir depuis près d'une décennie.

C'est après une soudaine disparition de cet ami que j'ai appris qu'il était allé à l'académie militaire. J'ai été surpris d'apprendre cela, car il faisait partie de mon cercle restreint d'amis avec qui j'attendais la magistrature. Neuf mois après sa formation, il est devenu sous-lieutenant, ce qui lui a conféré certains avantages.

Un jour, lors de la fête de mariage d'un autre ami de notre promotion, il m'a dit : *« Mon cher, si j'avais su, je ne me serais jamais engagé. »* Je suis resté stupéfait par cette confidence.

Il est évident que de nombreuses personnes arrivent à une conclusion similaire à celle de mon ami, que ce soit dans un domaine ou un autre. Elles vivent avec des regrets dus à de mauvais choix. Pour certains, ce regret est aussi audible que la voix de mon ami, tandis que pour d'autres, il est peut-être inaudible, mais sa portée est profondément ressentie dans leur cœur.

« Si je savais » est une phrase qui traduit un manque d'analyse et la légèreté avec laquelle les gens font leurs choix. Ces choix peuvent parfois être déterminants dans notre vie. Pour mon ami, bien qu'il puisse bénéficier d'une certaine considération et d'avantages liés à son statut militaire, sa motivation est sans doute compromise. Un travail effectué avec des regrets ne mène généralement pas à des résultats satisfaisants.

Un jour, j'ai interrogé un colonel de l'armée congolaise sur la situation de la guerre à l'Est de notre pays et sur la possibilité pour notre armée de remporter cette guerre qui perdure depuis des décennies. Il m'a répondu : « La victoire est possible, mais le problème réside dans le manque de motivation. Un militaire mal payé est démotivé, ne donne pas le meilleur de lui-même et devient, par conséquent, un adversaire potentiel du système. »

Il est crucial de ne pas faire des choix de manière légère, sans considérer tous les contours, les tenants et les aboutissants. Apprends à analyser avec une attention soutenue les décisions que tu prends, et tu seras épargné de dire : « Si je savais. »

III.7. JE N'AVAIS PAS DE CHOIX

Cette phrase, à laquelle beaucoup croient sincèrement pour justifier leur inaction, est au cœur de l'inspiration de ce livre. C'est une excuse pour ceux qui s'y réfèrent, mais elle devient moins valable dès qu'il existe d'autres possibilités. Comme nous le soulignons tout au long de cet ouvrage : « On a toujours le choix. »

Prenons l'exemple de Mabila, un jeune homme en quête de positionnement, qui se retrouve engagé dans une entreprise de gardiennage. Il est affecté au domicile d'un expatrié indien et, comme tous ses prédécesseurs, il commence à soustraire frauduleusement le gasoil du groupe électrogène qui alimente la résidence de son patron. Il prétend que cela est fait pour compenser son médiocre salaire, qu'il estime insuffisant pour bâtir des projets viables. Plus tard, il confie : « Je n'avais pas de choix».

Dans une situation similaire, Joseph, un jeune homme de grande intégrité, refuse de coucher avec la femme de Potiphar, son maître, une personnalité influente en Égypte et chef de l'armée du Pharaon. Par respect pour son Dieu, il devient ainsi une référence en matière d'intégrité, ayant choisi d'honorer ses valeurs.

En affirmant que vous n'avez pas le choix, ce que vous ne réalisez pas, c'est que cette phrase révèle souvent un choix qui, malheureusement, n'a pas été fait. Même si le choix que nous avons fait n'a pas été judicieux, il reste un choix. Ne cherchons pas à justifier ou à dissimuler nos mauvais choix derrière cette phrase commune.

Considérons un élève se disant chrétien, surpris en train de tricher. Il pourrait justifier son acte en prétendant n'avoir eu d'autre option, alors qu'il a devant lui de multiples alternatives pour éviter ce déni.

- Il aurait pu choisir d'étudier suffisamment à la maison et de se préparer à temps.

- Il aurait également pu apprendre, à travers l'échec, l'importance de la préparation et du travail pour réussir.

- Enfin, il aurait pu choisir de craindre Dieu et de l'honorer en évitant de pécher.

Il en va de même pour un fonctionnaire de l'État qui se complairait dans la corruption financière ou le détournement de fonds, ou pour un chef de bureau qui se laisserait acheter ou détourner les deniers publics.

Ces individus ne devraient pas, par malhonnêteté ou cupidité, chercher à justifier leurs méfaits en prétendant ne pas avoir eu le choix, car ils bénéficient déjà d'un salaire et d'autres avantages qui leur sont accordés.

Alors que vous brandissez cette phrase pour justifier vos erreurs, sachez qu'il existe de nombreuses personnes qui se sont retrouvées dans des situations similaires, parfois avec plus de responsabilités, mais qui ont su faire la différence en optant pour le bon choix.

« Il n'y a pas d'excuses valables, faites le bon choix. »
« Il n'y a pas d'excuses qui tiennent, faites le Bon Choix. »

CHAPITRE IV : LE BON CHOIX

Lorsque l'on fait face à une décision importante, il est essentiel de prendre le temps de réfléchir aux différentes options et d'évaluer attentivement les conséquences de chaque choix possible.

Le bon choix n'est pas toujours évident, mais en se concentrant sur ce qui est vraiment important et en écoutant sa voix intérieure, on peut trouver la meilleure solution pour soi.

Ce chapitre explore les éléments clés à prendre en compte pour faire le bon choix, afin de mener une vie épanouie et en accord avec les valeurs bibliques.

SECTION 1 : CE QUI MOTIVE SOUVENT NOS CHOIX

Nous choisissons toujours en fonction de trois critères : l'intérêt, les moyens et la capacité.

1. a. L'INTÉRÊT

L'intérêt nous pousse à choisir en tenant compte de l'avantage que nous tirons de ce choix, de son utilité. L'apôtre Paul dit : « *Tout m'est permis, mais tout n'est pas utile.* » Cela revient à dire que, même si nous avons la possibilité d'agir, ce choix serait vain s'il n'apportait aucune utilité. Il n'est pas surprenant d'entendre des proches nous poser la question suivante avant de nous rendre service ou de faire une expédition avec nous : « Qu'est-ce que je vais y gagner ? » La quête du gain ou de l'intérêt a toujours motivé nos choix.

Pierre dit à Jésus : « Voici, nous avons tout quitté et nous t'avons suivi ; qu'en sera-t-il pour nous ? » Le Seigneur lui répondit : « ... il n'est personne qui, ayant quitté à cause de moi et de la bonne nouvelle sa maison, ses frères, ses sœurs, sa mère, son père, ses enfants ou ses terres, ne reçoive au centuple présentement dans ce siècle-ci des maisons, des frères, des sœurs, des mères, des enfants et des terres... » En effet, il y a plus à gagner en suivant le Christ qu'à ne pas le faire, tant dans ce siècle-ci que dans les siècles à venir.

1. b. LES MOYENS

Les moyens nous permettent d'évaluer le coût de notre choix et de comprendre le mécanisme par lequel nous pourrions atteindre notre but. Si nous choisissons de devenir premier de la classe, ce n'est pas aux examens du second semestre que l'histoire s'écrit ; c'est dès le premier jour de la rentrée scolaire que nous le déterminons.

Comme le dit si bien John C. Maxwell dans son livre « **La carte routière de votre succès** » : « *Lorsque vous entrez en voyage vers le succès, la première partie est tout aussi importante que la dernière.* » Cela signifie que les moyens pour atteindre le but de notre choix sont tout aussi cruciaux que la finalité elle-même.

Face au choix que nous faisons, il existe toujours des moyens qui s'offrent à nous, des bons comme des mauvais.

- Un travailleur souhaitant s'acheter une voiture peut recourir à des moyens tels que la malversation ou le détournement.

- De même, il peut contracter un crédit à la banque, épargner ou créer des activités secondaires.

Bien qu'ils soient nombreux, il est essentiel d'opter pour les bons moyens dans nos choix.

1. c. LA CAPACITÉ

La capacité nous permet de prendre des décisions responsables et de tenir bon, quel que soit le vent contraire. Elle nous rend valables dans nos actions.

Par exemple, un adolescent de 15 ans qui se présente devant l'officier de l'État civil avec une jeune adolescente de 14 ans pour obtenir la célébration de leur union se verra refuser sa demande, car tous deux souffrent d'une incapacité d'exercice.

En revanche, si un homme de 30 ans introduit une demande pour épouser une demoiselle de 22 ans, l'officier agira différemment, car ils sont capables.

La capacité permet à certaines personnes d'accomplir des actes valables, tandis que d'autres peuvent être invalidées.

De nos jours, plusieurs fuient leurs responsabilités et font de mauvais choix, se croyant incapables. Pourtant, la capacité leur permet de poser des actes valables et de faire des choix approuvés.

Un homme capable est celui qui, à un certain niveau de sa vie, sait se dire : *« C'est moi qui l'ai fait ; je peux le faire… »* Dans n'importe quel domaine.

Bien sûr, il faut nuancer ce sens de la responsabilité avec la fierté ou la consolation dans le mal. Un criminel aux États-Unis a tué plusieurs Noirs en raison de ses convictions. Avec fierté, il a assumé ses actes, plaidant coupable dès le début des audiences. Il ne s'agit pas d'une véritable reconnaissance de sa responsabilité, mais plutôt d'une capacité à aller dans le bon sens, à défendre des valeurs honorables.

Herman AMISI, un comédien dont la réputation grandit en RDC et ailleurs, raconte une blague : Un pasteur prêchait lorsque soudainement un homme a fait irruption dans l'église avec deux gardes du corps. Il a demandé qui était le pasteur titulaire. Le pasteur, voyant les allures menaçantes, a nié son identité. Après plusieurs insistances, un membre courageux s'est levé pour affirmer qu'il était le pasteur. À sa grande surprise, l'homme a sorti des billets de dollars, déclarant *: «Après avoir réalisé une affaire, Dieu m'a béni et m'a convaincu de venir payer ma dime dans votre église.»*

Honteux et jaloux, le pasteur défaillant a prétendu être le vrai pasteur, mais il était trop tard. Ne faisons pas comme ce faux pasteur. Soyons capables dans nos choix pour éviter des désagréments comme ceux subis par le pasteur défaillant et pour ne pas être trouvés irresponsables dans nos choix.

SECTION 2 : CONSEIL EN MATIÈRE

La survenance de problèmes ou de situations difficiles nous demande souvent de faire des choix et nous oblige parfois à nous confier pour trouver de meilleures solutions. Cela peut passer par nos amis, nos connaissances, nos parents, nos conseillers spirituels, etc. Ils peuvent bien nous conseiller, et en fonction des résultats que nous obtenons, nous pouvons le vérifier.

De la même manière, ils peuvent se tromper et nous induire en erreur, qu'ils soient crédibles ou non.

La Bible nous enseigne une chose concernant la réussite des projets : « Les projets échouent en l'absence de délibération, mais ils se réalisent quand il y a de nombreux conseillers. »

C'est ici l'occasion de faire la part des choses lorsque nous sommes confrontés à des décisions dont les répercussions peuvent toucher plusieurs personnes, de savoir consulter, tendre la main, bref, demander conseil.

Le roi David s'est illustré à plusieurs reprises lorsqu'il s'agissait d'engager les enfants d'Israël dans une bataille. Il consulta l'Éternel en ces termes : « …Poursuivrai-je cette troupe ? L'atteindrai-je ? » Et la réponse de l'Éternel fut : « Poursuis, car tu les atteindras et tu les délivreras » (1 Samuel 30:8).

Il suivit ce conseil et réussit dans son expédition.

Bien que nous devions faire face à la nécessité de consulter des conseillers pour faire un choix entre bons et mauvais conseillers, il nous revient parfois de délibérer afin d'effectuer notre choix de manière éclairée.

Nous devons veiller à garder le bon sens pour ne pas nous tromper. Question : Que faire pour faire un bon choix ? Notons dès à présent que l'émotion est un mauvais compagnon en matière de choix. Un homme qui choisit en se basant toujours sur ses émotions prendra de mauvaises décisions.

Les émotions évoquées doivent être comprises dans leur sens le plus large possible. C'est-à-dire qu'une émotion, qu'elle soit négative ou positive, peut toujours nous induire en erreur en matière de choix.

Le roi Hérode, en proie à l'euphorie lors d'un festin dans son palais, dit à sa fille de lui faire une demande. Quelle qu'elle soit, même si c'était la moitié de son royaume, il y répondrait favorablement. Malheureusement, poussée par sa mère, elle lui demanda la tête de Jean-Baptiste, ce qui causa la ruine d'Hérode plus tard.

L'émotion négative, comme la colère, nous pousse souvent à prendre des décisions dont nous regrettons plus tard les conséquences. Une jeune fille vierge en colère qui cède à la tentation dans l'espoir de trouver un peu de réconfort souffrira souvent plus tard à cause de ce choix, car il a été fait sous l'influence d'une émotion négative.

Sa souffrance pourrait se manifester par une grossesse indésirée qu'elle devra supporter, ou encore par la perte de sa virginité à cause de son acte. Dieu demanda à

Moïse de parler au rocher pour que l'eau jaillisse afin de désaltérer le peuple. Sous l'excitation de la colère, il frappa deux fois le rocher. Bien que l'eau ait coulé, la conséquence de son acte ne lui permit pas d'entrer dans la terre promise, malgré tout ce qu'il avait enduré jusqu'alors.

Nous n'aurons pas toujours des circonstances favorables devant nous, mais notre manière de gérer nos émotions peut nous épargner de nombreux désagréments.

Il est important de reconnaître nos limites, car nous ne nous suffisons pas toujours à nous-mêmes. Dieu nous a mis en contact avec les autres pour qu'ils nous soient complémentaires.

Cela nous ramène à l'importance du choix des parrains. Ils sont considérés comme des modèles, des parents spirituels, des encadreurs et des conseillers pour les jeunes couples en quête de réussite conjugale.

Toutefois, il est triste de constater qu'aujourd'hui, beaucoup faiblissent dans ce rôle. Ils deviennent des bailleurs de fonds, au lieu de rester dans celui de bons modèles. En conséquence, les jeunes couples, au lieu de rechercher des mentors, optent désormais pour des bailleurs de fonds.

Le choix judicieux des parrains est ainsi dénaturé et est devenu une denrée de plus en plus rare en raison de l'attrait financier qu'on lui attribue.

Il est vrai que, dans leur accompagnement, surtout pour le choix porté sur eux parmi plusieurs, ils peuvent apporter une assistance financière ou matérielle au jeune couple.

Cependant, cela ne devrait pas être la motivation principale sur laquelle les jeunes couples fondent leur choix des parrains.

En tenant compte du rôle que les parrains doivent jouer, ce rôle commence certes pendant les préparatifs et la célébration des noces, mais c'est surtout après la cérémonie qu'il est le plus demandé.

SECTION 3 : COMMENT EFFECTUER UN BON CHOIX

Le bon choix n'est rien d'autre qu'un choix opéré de manière judicieuse. Un choix judicieux se manifeste par un bon jugement, c'est-à-dire un jugement droit, juste, rationnel, pertinent et non émotionnel. De cette définition ressort que, pour faire un choix judicieux, il nous faut prendre en compte trois éléments :

- L'examen
- L'appréciation
- La prise de décision

3.1. L'EXAMEN

L'examen sous-entend qu'il faut disposer de temps pour observer attentivement avant de nous lancer dans quoi que ce soit. Il est nécessaire de considérer minutieusement la situation qui se présente à nous avant de prendre une décision. Cependant, l'examen évoqué fait appel à un type de miroir lumineux qui peut éclairer notre lanterne.

3.2. L'APPRÉCIATION

L'appréciation est une étape très importante, car elle permet à celui qui doit choisir de ne pas regretter ses décisions. Elle consiste à confronter la situation devant nous avec le bon sens, à déterminer ce qui est droit et juste.

En d'autres termes, il s'agit de mesurer la valeur de notre choix par rapport à l'approbation de Dieu, car il est écrit : « Au reste, frères, que tout ce qui est vrai, tout ce qui est honorable, tout ce qui est juste… soit l'objet de vos pensées » (Philippiens 4:8).

3.3. LA PRISE DE DÉCISION

Cette étape consiste à passer à l'action. Elle implique de prendre ce qui est bien et de rejeter ce qui est mal. En dernière position, elle nous demande de fouiller au plus profond de nous pour savoir quoi faire ensuite, après l'examen et l'appréciation de la situation.

Faire donc le bon choix, c'est savoir :

- Bien examiner
- Bien apprécier
- Bien décider

Nous pouvons appeler cela, en matière de bon choix, les 3 B.

Bien que ce "B" pour "bien" fasse toute la différence dans nos choix, il convient de signaler que nombreux sont ceux qui prennent le temps d'être minutieux dans leurs choix, mais peu réalisent qu'il est essentiel d'associer l'unique et le meilleur conseiller en matière de choix : le Seigneur Jésus. Nous pouvons le consulter à tout moment par la prière. Il nous a fait la promesse d'être avec nous tous les jours, jusqu'à la fin du monde.

Le **Dr Seuss** observe :

> "Tu as un cerveau dans la tête
> Et des pieds dans tes chaussures
> Tu peux donc emprunter
> La direction de ton choix."
(Dr Seuss, « *Oh, the Places You'll Go!* »)

Cette direction devrait être la bonne pour s'assurer d'avoir fait le bon choix.

Une personne provoquée ou incitée à l'impudicité par une dame ou un monsieur dans un milieu isolé ne devrait faire qu'une chose : s'en aller, au lieu de rester là et de finir par dire : "C'était plus fort que moi !" ou "Si j'avais su !"

À ce propos, la Bible est claire : Fuyez l'impudicité. Ne supportez pas l'impudicité et n'observez pas l'impudicité.

C'est en cela qu'il est notre meilleure alternative en matière de conseil pour le bon choix.

SECTION 4 : CE QUI FAIT DE NOUS DES BONS CHOISISSEURS

Chers lecteurs, faire le bon choix n'est pas une question de naissance dans une famille réputée ou d'appartenir à des personnes qui ont toujours réussi. C'est plutôt une réalité qui se nourrit, qui peut grandir et réduire significativement les regrets liés aux mauvais choix. Une pratique régulière de ce que je pourrais appeler les "aliments du choix" s'avère être un atout incontournable pour figurer parmi les bons choisisseurs. Cela inclut notamment :

- L'exposition à la positivité

- Le sens de la vertu

- Le sens de la justice

- L'entretien des petites victoires

- L'analyse des conséquences probables

- L'association avec le Saint-Esprit

4.1 : L'EXPOSITION À LA POSITIVITÉ

Être constamment exposé à des éléments positifs, que ce soit par la vue, l'écoute ou la méditation, nourrit notre volonté d'agir de manière positive. Lorsque nous choisissons d'agir, de parler ou de penser positivement, cela finit par devenir un aspect indissociable de notre personnalité, à savoir notre caractère.

Deux aspects sont à retenir concernant cette exposition :

4.1.a. L'exposition de soi à la positivité

Cela implique l'effort de se nourrir exclusivement de ce qui est positif. Cela peut passer par la lecture de livres, de revues et de journaux qui ne nous offrent que des informations constructives. Ce que nous voyons a aussi un impact ; tant que cela est positif, cela influencera nos actions futures.

4.1.b. L'exposition à un environnement positif

L'environnement peut être analysé à deux niveaux :

- Les amis et modèles que nous choisissons : Des études montrent que les personnes qui s'entourent d'individus plus riches ou plus intelligents ont plus de chances de devenir riches ou plus intelligentes à leur tour, grâce à l'influence positive de ces derniers.

- Les sages que nous écoutons : « Les lèvres du juste dirigent beaucoup d'hommes... » (Proverbes 10:21a). Il est plus facile d'aborder une situation avec l'orientation d'une personne ayant déjà été exposée à celle-ci, plutôt que de prendre le risque d'y aller en novice.

C'est pour cette raison qu'il est conseillé aux fiancés de se faire accompagner par des parrains dans le domaine du mariage. De même, lorsque nous choisissons d'entreprendre un projet, il est sage d'opter pour un coach ou un mentor. Ces personnes, qu'elles soient proches ou non, doivent avoir vécu des expériences similaires aux nôtres.

Nous pouvons nous inspirer de figures comme le Seigneur Jésus, le pasteur Martin Luther King Jr., Michael Jordan, Abraham Lincoln, Démosthène, John Maxwell, Myles Munroe, ou encore mon père spirituel, le Bishop Celdi Luzolo du ministère d'évangélisation "La Révélation des Fils de Dieu" (MERFiD).

S'exposer à de telles personnes influence positivement notre esprit et augmente notre capacité à faire de bons choix.

L'exposition à la positivité est la clé qui forge notre caractère.

Parler de caractère, c'est évoquer la constance. Les lettres de l'alphabet sont appelées caractères pour cette raison, car elles ne changent pas. En français, en anglais, en swahili, en tshiluba ou en lingala, A reste A ; de même pour les chiffres : 0, 1, 2... Ils demeurent les mêmes, peu importe l'époque ou le milieu.

Un homme qui s'expose constamment à la positivité développera un caractère solide. Par conséquent, il deviendra un bon décideur, car cette constance s'incruste en lui et l'élève dans une meilleure position pour prendre des décisions éclairées.

4.2 : LE SENS DE LA VERTU

La vertu est une qualité que beaucoup dans notre société, à l'époque où nous vivons, ont tendance à dévaloriser. Elle est devenue une denrée rare, souvent ignorée, à cause de la montée des vices dans nos milieux. Des comportements qui autrefois étaient tenus secrets sont aujourd'hui devenus des sources de fierté publique. Les médias, quant à eux, diffusent des expressions, des insultes et des jargons qui reflètent les vicissitudes de notre époque.

Malgré ce constat, il est réjouissant de constater qu'il existe encore des défenseurs des valeurs. Ces personnes s'opposent aux vices, prennent des risques et s'efforcent d'inculquer ces valeurs aux jeunes générations. Il est essentiel de rendre hommage aux parents et enseignants responsables qui s'engagent dans cette noble mission.

En cherchant le bien dans toutes les choses, la vertu nous prédispose à faire de bons choix. Celui qui apprend à développer cette qualité devient un bon choisisseur régulier.

4.3 : LE SENS DE LA JUSTICE

Notre professeur de déontologie des magistrats, lors de notre deuxième année de licence, avait l'habitude de répéter : « Le droit est la science des hommes justes ». Il n'avait pas tort, car les juristes, devenant juges, sont appelés à rechercher la justice et à la rendre.

Un juge épris de justice devient un modèle à suivre et une référence pour les jeunes magistrats. Par ses décisions, il peut inspirer et guider les autres. Une collègue, Yolande MWAMBA, juge au tribunal de paix de Lubumbashi et formatrice des moniteurs à l'École du Dimanche, m'a confié un jour : « Il y a une paix inestimable dans son cœur quand, en âme et conscience, vous prononcez le bon droit, c'est-à-dire condamner le coupable et acquitter l'innocent. »

Cela est vrai pour chacun d'entre nous, peu importe le niveau. Montrons ce sens de la justice, car plus nous le faisons, plus nous nous plaçons dans une position de tranquillité et d'assurance, ayant ainsi fait un bon choix.

4.4 : L'ENTRETIEN DES PETITES VICTOIRES

Nous avons souvent du mal à capitaliser sur les petites victoires que nous réalisons au quotidien, que ce soit pendant une journée, un processus ou une période donnée. Pourtant, ces petites victoires nous forgent et nous renforcent, nous préparant aux défis futurs.

Un boxeur de renom a déclaré : « Le ring ne fait pas les champions, c'est dans les salles d'entraînement qu'ils naissent. » Il est impossible de devenir champion sans un entraînement acharné. Cristiano Ronaldo (CR7) est l'exemple parfait du travail acharné qui paie.

Mike Tyson, à l'âge de 14 ans, après avoir assisté à la défaite de son idole, Mohamed Ali, face à Larry Holmes, s'est fixé un objectif : sauver l'honneur de celui qui lui avait inculqué la discipline. Il s'est soumis à un entraînement intensif qui l'a façonné, faisant de lui l'un des adversaires les plus redoutables. Huit ans plus tard, le 22 juin 1988, il a relevé le défi en battant Larry Holmes par KO, en présence de Mohamed Ali, qui n'a pas caché sa satisfaction.

Le roi David, face à Goliath, dressait un palmarès des victoires accumulées qui lui ont donné les aptitudes nécessaires pour vaincre ce titanesque adversaire.

Maximiser les petites victoires en toute discrétion permet d'acquérir le profil qui terrasse les géants.

4.5 : L'ANALYSE DES CONSÉQUENCES PROBABLES

Je suis tout à fait d'accord avec l'adage qui dit que « les conséquences corrigent mieux que les conseils ». Cependant, lorsqu'on envisage les conséquences avant qu'elles ne se manifestent, il n'est pas nécessaire de recevoir des conseils pour agir de manière appropriée et éviter de mauvais résultats.

La Bible déclare : « L'homme prudent voit le mal et se cache ; les simples avancent et sont punis. » Cela constitue un garde-fou contre les conséquences fâcheuses des choix ou des décisions de la vie.

Quelles conséquences regrettables pourraient survenir pour une fille vivant dans le péché de l'impudicité ?

- Elle peut tomber enceinte, ce qui pourrait l'empêcher d'atteindre certains objectifs importants, comme terminer ses études.

- Elle peut contracter des maladies infectieuses et mortelles, telles que les IST ou le SIDA.

- Si elle ne se repend pas et ne change pas de voie, elle pourrait être frappée par Dieu et mourir, ce qui lui ferait perdre son intégrité physique et la possibilité d'être éternellement séparée de Dieu, conformément aux prescriptions d'Ésaïe 59:2 et Romains 6:23.

Les exemples de conséquences fâcheuses sont nombreux ; peut-être qu'un jour vous aurez l'amabilité de les partager avec nous. Ainsi, celui qui gardera le réflexe de penser aux conséquences probables de ses actes ou de ses choix finira par faire toujours de bons choix, devenant ainsi un bon choisisseur.

Le Professeur Jean-Paul YAWIDI MAYINZIMBI, dans son livre intitulé *Le conseiller d'orientation et l'art d'aider par la parole*, écrit dans la conclusion : « Comme le médecin, le conseiller d'orientation travaille pour le bien-être de toute personne qui le consulte. Son action est à la fois préventive et curative. Il vise à empêcher quelqu'un de dériver en amont et à le sortir du gouffre dans lequel il est déjà plongé, en aval. En somme, il l'encourage à exploiter ses ressources comme il se doit. Au-delà de ces aspects préventifs et curatifs, le conseiller d'orientation doit amener l'individu à se créer lui-même, à se réaliser. »

C'est dans ce même contexte que l'analyse des conséquences probables intervient. Elle nous permet de prévenir les mauvaises conséquences et empêche quelqu'un de dévier dans ses choix, ce qui conduit le décideur à se réaliser.

4.6 : ASSOCIER LE SAINT-ESPRIT

Proverbes 15:22 nous dit que « les projets échouent faute d'une assemblée qui délibère ; mais ils réussissent quand il y a de nombreux conseillers ». En matière de délibération, il n'y a pas de meilleur conseiller que le Saint-Esprit. Son avis est idéal et essentiel pour nous. Il est Dieu, connaît toutes choses et a une compréhension complète de tout. Le Seigneur Jésus a parlé de lui comme du défenseur qui devait venir pour nous conduire dans la vérité après sa montée au ciel (Jean 16:13-15).

Le Saint-Esprit est non seulement celui qui défend notre cause, mais aussi celui qui nous protège des erreurs et des mauvais choix que nous pourrions faire. Dans les choix du chrétien, associer le Saint-Esprit est essentiel, car il est Dieu, qui connaît ce qui est bon pour nous. Il nous dit : « J'ai mis devant toi la vie et la mort, la bénédiction et la malédiction. Choisis la vie, afin que tu vives, toi et ta postérité. »

En élisant domicile en nous par l'Esprit Saint, le Seigneur Jésus a choisi de rester près de nous pour chaque situation, y compris celles relatives aux choix. Le Saint-Esprit est celui qui nous convainc de nos péchés ; étant Dieu, il a la meilleure perspective sur toutes les situations qui se présentent à nous. Traiter avec lui, c'est traiter avec le meilleur choisisseur qui soit. Grâce à lui, nous devenons de bons choisisseurs.

Le roi David a demandé : « Poursuivrai-je, rattraperai-je… ? » Et Dieu lui a permis de réussir son expédition, car il a compris l'importance d'associer le Saint-Esprit dans ses choix et décisions (1 Samuel 30:8). À partir de l'expérience de David, il ressort que le Saint-Esprit est pour nous deux choses capitales : notre « avantage » et notre « aide ».

- **Il est notre avantage:**

Il a toujours une longueur d'avance sur l'esprit du monde. En tant qu'Esprit de Dieu, il a été présent dès le commencement du monde. Il a créé l'infiniment grand et l'infiniment petit, le monde visible et invisible, les choses matérielles et immatérielles. Par conséquent, il connaît parfaitement le contour de tout et saura mieux nous orienter.

- **Le Saint-Esprit est notre aide :**

C'est pourquoi il est aussi appelé « Consolateur », le terme grec « Paraklêtos » signifiant « appelé à être à côté ». Le Saint-Esprit est donc toujours là pour soutenir les fidèles, tant dans la prière que dans d'autres domaines, y compris en matière de choix. L'associer pour choisir est bien plus garantissant qu'on ne peut l'imaginer.

SECTION 5 : LE BON CHOIX ÉTABLIT LA DIFFÉRENCE

Certaines personnes, malgré des circonstances défavorables, ont su faire la différence. Tout aurait pu leur donner des raisons de croire qu'elles n'avaient pas le choix ou de se justifier.

Pour éclairer notre réflexion, voici sept de ces individus que nous avons sélectionnés en raison des choix remarquables qu'ils ont faits. Ces exemples peuvent nourrir notre désir de ne pas céder à l'excuse. La liste n'est pas exhaustive.

- Deux personnes ont choisi la confiance: David et Josaphat.
- Une personne a choisi la repentance : Jonas.
- Trois personnes ont fait le choix de l'honneur : Schadrac, Méschac et Abed-Nego.
- Un homme a choisi le courage : Néhémie.
- Une dame a fait le choix de la foi : la femme atteinte d'une perte de sang.
- Le choix du succès a marqué la vie de plusieurs contemporains: Abraham Lincoln, Michael Jordan, Thomas Edison et Démosthène.

Ces exemples illustrent comment le bon choix peut transformer des vies et établir la différence, même dans les situations les plus difficiles.

5.1 : LE CHOIX DE LA CONFIANCE

Les deux personnes sélectionnées à ce niveau sont :

5.1.1. DAVID (Psaumes 31:14-17)

Deuxième roi d'Israël après Saül, David est l'un des plus grands souverains que le pays ait connus. Bien que Dieu l'ait choisi pour diriger Israël à la place de Saül, il a traversé des moments périlleux qui l'ont conduit au désespoir et au découragement. Malgré tout, il a fait des choix admirables qui méritent notre imitation.

Dans les Psaumes 31, versets 14 à 17, il déclare : « J'entends les mauvaises paroles de plusieurs, je suis assailli de terreur quand ils se concertent contre moi et complotent pour me prendre la vie. Mais moi, je me confie en toi, Éternel ! Je dis : 'Tu es mon Dieu !' Mes destins sont entre tes mains ; délivre-moi de mes ennemis, de mes persécuteurs ! Fais briller ton visage sur ton serviteur, sauve-moi par ta grâce. »

En analysant ce passage, on constate que David est conscient du danger qui le guette et des ennemis qui tiennent des propos terrifiants. Malgré cela, il fait un choix judicieux en se confiant en l'Éternel et en implorant sa délivrance, ce qui lui procure une assurance en ces temps difficiles.

Choisis de te confier en l'Éternel et d'implorer sa délivrance lorsque tu es en danger. Il te donnera la force de marcher avec sérénité sur le chemin de ta destinée.

5.1.2. JOSAPHAT (2 CHRONIQUES 20:1-3)

Josaphat, devenu roi de Juda à la place de son père Asa, régna à une époque où Israël s'était séparé de la maison de David, c'est-à-dire de Juda. Contrairement à son père, qui avait commencé son règne avec foi mais avait ensuite fait alliance avec le roi de Syrie, Josaphat marcha avec Dieu.

À un moment donné de son règne, les fils de Moab et les fils d'Ammon, accompagnés de quelques autres, marchèrent contre Josaphat pour lui faire la guerre. Lorsqu'il fut informé, voici sa réaction : « On vint informer Josaphat, en disant : 'Une immense armée marche contre toi depuis l'autre côté de la mer, depuis la Syrie ; ils sont à Hatsatson-Thamar, qui est à Guédi.' Dans sa frayeur, Josaphat se prépara à chercher l'Éternel et il proclama un jeûne pour tout Juda. »

Cette disposition à chercher Dieu témoigne d'une confiance totale, reconnaissant l'Éternel comme son recours ultime. En lisant la suite de ce passage, on constate que Josaphat fut fortifié par Dieu et délivré de ses ennemis.

Il arrive des moments où la peur nous envahit, où des situations ou des personnes nous font trembler. Si, comme Josaphat, nous nous préparons à chercher l'Éternel avec une confiance totale, nous serons secourus en temps voulu.

5.2 : LE CHOIX DE LA REPENTANCE

Dans cette section, nous aborderons le choix de la repentance à travers l'exemple de Jonas, souvent considéré comme un « évangéliste déserteur » qui a failli à sa mission.

Ce prophète avait reçu une mission de l'Éternel pour prévenir le peuple de Ninive, qui avait péché contre Dieu. Grâce à la repentance, ils avaient la possibilité d'obtenir grâce et d'échapper à la colère divine. Cependant, n'ayant pas bien accompli sa tâche et faisant preuve de désobéissance, Jonas prit la fuite.

Dans sa justice, le Seigneur fit venir un grand poisson qui l'avala, et Jonas passa trois jours et trois nuits dans le ventre de ce poisson. Ce qui est particulièrement intéressant, c'est l'attitude de Jonas. La Bible nous dit : « Du ventre du poisson, Jonas pria l'Éternel... »

C'est cette prière repentante, émanant d'une situation désespérée, qui convainquit Dieu de parler au poisson et de le faire vomir sur la terre, au bord de la mer. Il arrive que, comme Jonas, le chrétien ou le serviteur de Dieu trébuche ou n'accomplisse pas fidèlement sa mission. Cela peut résulter de l'ego, d'un excès de confiance, de distractions ou de mauvaises influences.

La question se pose : quelle attitude devrait-on adopter dans de telles circonstances ? L'abattement, le relâchement ou la repentance ? Un proverbe chinois dit : « Connaître son ignorance est la meilleure forme de connaissance. »

Il n'existe pas d'argument plus convaincant pour fléchir le cœur de Dieu en notre faveur que ces deux attitudes : retourner vers lui par la repentance et reconnaître notre constante dépendance à son égard. Il est vain de se laisser digérer par le poisson alors que la prière de repentance est à notre disposition.

Il est triste de constater que de nombreuses personnes sont emprisonnées par le diable dans le carcan d'une culpabilité constante, sans penser à la solution libératrice de la repentance, que le Père attend impatiemment de nous voir envisager (1 Jean 1:9).

Se sentir coupable d'avoir déçu ou désobéi au Seigneur est une chose ; se lever, se réconcilier avec lui et poursuivre sa course en est une autre. Dans le livre de l'Apocalypse 2:5a, le Seigneur s'adresse à l'Église d'Éphèse en ces termes : « Souviens-toi donc d'où tu es tombé, repens-toi et pratique tes premières œuvres. »

Telle est l'attitude idéale à adopter en cas de désobéissance envers Dieu, notre Père, et sa parole

5.3 : LE CHOIX DE L'HONNEUR (Daniel 3 :1-30)

L'honneur est une marque d'estime, de considération ou de respect accordée à soi-même, à autrui ou à quelque chose de sacré. Ce sentiment d'estime a été incarné par trois jeunes Israélites déportés à Babylone : Schadrac, Méschac et Abed-Nego. Par honneur pour leur Dieu, ces trois hommes ont refusé les pratiques idolâtres imposées par les Babyloniens.

Ils ont choisi de ne pas compromettre l'adoration qui est réservée exclusivement au seul vrai Dieu, le Dieu d'Israël. En ce qui concerne leur foi, ils ont défié le roi Nebucadnetsar, d'abord en refusant d'adorer la statue érigée en son nom (Daniel 3:12), puis en lui parlant avec une assurance étonnante de leur Dieu (Daniel 3:16-18). Ils ont finalement accepté d'être jetés dans la fournaise ardente, préférant cela à partager l'honneur qui revient à leur Dieu vivant (Daniel 3:20-24).

Pour ces actes d'honneur envers Dieu, celui-ci a choisi de traverser les épreuves avec eux et de les en faire sortir la tête haute, honorant ainsi leur fidélité.

5.3.a. ILS N'ONT PAS ADORÉ LA STATUE (Daniel 3 :12)

De nos jours, beaucoup de personnes peinent à faire le choix d'honorer Dieu, se laissant parfois entraîner dans l'adoration de statues, qu'elles soient physiques ou symboliques. Ces personnes sont souvent hésitantes et facilement influencées par les vents du monde qui soufflent autour d'elles. Celle que vous croisez au travail n'est pas la même que celle qui vient à l'église le dimanche ; ses paroles et ses actions sont souvent en contradiction. En bref, elle manque de caractère.

Le caractère, que nous pouvons assimiler à l'intégrité, se définit par la constance et l'unité de l'être. En développant notre caractère, nous acquérons la force de la positivité. Les hypocrites, quant à eux, manquent souvent de caractère. Leur vie rappelle le terme grec "acteurs", qui signifie "plusieurs visages". En revanche, nos trois amis ont su rester cohérents entre leurs paroles et leurs actions face à la statue géante.

Une idole peut symboliser non seulement une sculpture physique à laquelle on rend hommage, mais aussi toute activité ou chose à laquelle nous accordons une importance excessive, réservée à Dieu seul.

Les idolâtres sont ceux qui préfèrent leurs semblables à Dieu, leur consacrant plus de temps et d'attention qu'à Lui ou à Son œuvre. Cela inclut ceux qui sont accros à la nourriture, au téléphone, à la télévision, etc.

L'idolâtrie se manifeste sous différentes formes, et seuls ceux qui choisissent d'honorer Dieu parviennent à ne pas s'y laisser prendre. Ils se conforment ainsi au précepte : "Tu aimeras le Seigneur ton Dieu de tout ton cœur, de toute ta force" (Marc 12:30). L'amour pour Dieu se traduit aussi par l'observation de Ses commandements (Jean 14:15), qui nous interdisent clairement l'idolâtrie (Exode 20:3-6).

5.3.b. ILS ONT PARLÉ DE DIEU AVEC ASSURANCE

Les Français nous enseignent une vérité importante en ce domaine : « Ce qui se conçoit bien s'énonce clairement, et les mots pour le dire viennent aisément. » Il en va de même pour le choix de l'honneur, qui construit chez ceux qui l'adoptent une certaine assurance, les incitant à s'exprimer avec aisance.

L'apôtre Paul déclare : « *Car je sais en qui j'ai cru, et je suis persuadé qu'il est capable de garder ce que je lui ai confié* » (2 Timothée 1:12).
Cette phrase témoigne de la pleine assurance de l'apôtre. Sa connaissance intime de Dieu le pousse à parler de Lui avec respect et grandeur. Il précise : « *C'est pour cela aussi que je souffre ces choses ; toutefois, je n'en ai pas honte, car je sais en qui j'ai cru, et je suis persuadé qu'il est capable de garder ce que je lui ai confié jusqu'à ce jour.* »

Seule une haute estime, que l'on appelle honneur, peut inciter une personne à s'exprimer ainsi. Chaque chrétien devrait aspirer à posséder une telle assurance dans son langage.

5.3.c. ILS ONT ACCEPTÉ D'ÊTRE JETÉS EN PRISON (Daniel 3 :20-24)

Lorsqu'on choisit d'honorer Dieu, on ne compromet pas cet honneur pour quelque raison que ce soit. On devient un protecteur de cet honneur, qui est réservé uniquement à Dieu. Ceux qui prennent un tel engagement savent qu'en raison de l'honneur qu'ils rendent à Dieu, ils reçoivent à leur tour l'honneur que Lui leur accorde.

Le Seigneur Jésus a déclaré un jour: *« Si quelqu'un m'honore, mon Père aussi l'honorera. »*

C'est ainsi qu'en ce sens, ils n'ont pas hésité à embrasser la mort par honneur pour leur Dieu. Ce dernier ne les a pas déçus devant les Babyloniens qui étaient témoins de leur bravoure.

5.4 : LE CHOIX DU COURAGE

Le célèbre pétrolier américain John D. Rockefeller, cité par Ryan Holiday dans son ouvrage **« *L'obstacle est le chemin* »,** est un exemple emblématique du choix du courage. Il a traversé de nombreuses crises dans son pays, tout en gardant la tête froide et en utilisant ces situations pour émerger. Pour lui, le marché est intrinsèquement imprévisible et souvent vicieux ; seul un esprit rationnel et discipliné peut en tirer des avantages. Il a compris que la spéculation menait à la catastrophe et qu'il devait ignorer la foule en délire et ses impulsions.

Rockefeller a maintenu cette logique pendant la guerre civile et à travers les crises économiques nationales des États-Unis en 1873, 1907 et le krach de 1929. Vingt ans après la première crise, il contrôlait à lui seul 90 % du marché du pétrole.

Le courage émane du cœur. C'est la fermeté face au danger, à la souffrance ou dans des situations difficiles. Le courage témoigne d'une pleine confiance, que ce soit en soi-même ou en une personne capable de nous aider.

Prenons l'exemple d'un enfant éloigné de chez lui ou de son père. Il peut avoir du mal à tenir tête aux provocateurs, souvent paralysé par la peur, même s'il a raison. En revanche, si cet enfant se retrouve dans la même situation avec son père à ses côtés, il serait beaucoup plus confiant et capable d'avancer des arguments de défense, simplement parce que la présence de son père lui donne assurance et sécurité. De la même manière, la présence du Christ dans nos vies nous procure une pleine confiance et une foi inébranlable.

Le courage est également l'un des signes attestant que nous avons la foi. La conférencière américaine Priscilla Shirer déclare : « Nous donnons accès à Dieu dans nos vies par la foi, et nous donnons accès au diable par la peur. »

Le jeune David l'a parfaitement compris en affrontant Goliath sur le champ de bataille. Il faisait preuve de courage et ne tremblait pas devant le géant expérimenté. Bien que certaines situations puissent nous effrayer et nous intimider par leur gravité, Dieu nous offre le choix de ne pas céder à la peur. Nous pouvons choisir d'être courageux et de dominer nos appréhensions, car il est avec nous. Il dit à Josué : « Fortifie-toi et prends courage », insistant trois fois pour qu'il n'ait pas peur, ni des hommes ni des circonstances (Josué 1 :6-9).

Souvent, l'inconscience est notre plus grand ennemi, nous aveuglant en matière de courage. En tant qu'enfants de Dieu, nous lui appartenons. Par Jésus et le Saint-Esprit, il vit en nous. Quoi de plus rassurant que cela pour nous donner courage et assurance ?

5.5 : LE CHOIX DE LA VISITATION

Après ma licence en droit, j'ai pris le risque de quitter la maison de ma sœur, où j'étais bien installé, pour une vie de célibataire sans emploi, afin de partager un petit local avec un ami. C'était pratiquement une vie d'incertitude. Un an plus tard, j'ai trouvé un emploi comme vacataire dans une école locale, ce qui m'a permis, l'année suivante, de demander en mariage ma fiancée, qui est aujourd'hui ma tendre épouse. Les choses se sont enchaînées depuis, et je peux dire qu'avec l'aide de Dieu, je profite désormais de mon indépendance financière.

Beaucoup de gens dans notre entourage n'expérimentent pas la visitation de Dieu simplement parce qu'ils n'osent pas prendre de risques. Or, ces risques sont souvent le chemin même de la visitation divine. Le patriarche Abraham a été appelé par Dieu à quitter son peuple et sa patrie pour aller dans un pays inconnu que l'Éternel lui montrerait. Il a pris ce risque et a obtenu Canaan en héritage, pour lui et sa descendance.

De même, la femme atteinte d'une perte de sang avait de nombreuses raisons de ne pas s'approcher de Jésus pour obtenir la guérison. Son état était considéré comme impur en Israël, et une foule immense entourait le Seigneur. Pourtant, la Bible rapporte qu'elle se disait en elle-même : « Si je touche seulement ses vêtements, je serai guérie » (Marc 5:28). Elle a pris le risque, et sa maladie a disparu.

Il est vrai que les risques doivent être mesurés pour ne pas nous exposer à certains dangers ou regrets. Cependant, en matière de visitation divine ou de changement, c'est souvent le fait de prendre des risques qui ouvre la voie à l'innovation.

Si les constructeurs de gratte-ciels n'avaient pas osé rêver et prendre des risques, nous vivrions encore dans des huttes ou des igloos, sans jamais connaître la véritable urbanisation. Demandez à Clément Ader, et il vous parlera de ses audaces en matière d'aviation. Choisissons de prendre des risques, et Dieu nous visitera de manière surprenante.

5.6 : LE CHOIX DU SUCCÈS

Le succès est une maison qui se construit brique après brique, jour après jour. Les légendes ne naissent pas légendes ; elles le deviennent à force de travail. Comme l'a dit un homme : « Le seul endroit où le succès précède le travail est dans le dictionnaire. » Ce sont nos choix qui déterminent notre parcours.

Dans son livre **Voyage vers le succès**, John C. Maxwell pose une question pertinente : « Comment m'y rendre à partir d'où je suis ? » Cette question souligne l'importance d'avoir des objectifs bien définis, car ceux-ci fournissent la motivation nécessaire pour atteindre le succès. Ils sont le carburant de notre voyage vers la réussite.

Pour être efficaces, ces objectifs doivent être :
- Écrits
- Personnels
- Spécifiques
- Réalisables
- Mesurables
- Sensibles au temps

À ces critères, Maxwell ajoute un élément essentiel : le passage à l'action. Il emprunte une citation au poète et romancier allemand Johann Wolfgang von Goethe : *« Penser est facile, agir est difficile, et mettre en action une de nos pensées est l'une des choses les plus difficiles à faire. »*
Cela pourrait expliquer pourquoi si peu de personnes poursuivent réellement leurs objectifs et agissent en conséquence.

Maxwell conclut : « *Débuter est vraiment le secret... Vous n'avez pas à être parfait, vous devez seulement faire des progrès.* »

Il est vrai que nous pouvons avoir des tonnes d'idées, aussi révolutionnaires soient-elles. Mais si celles-ci ne s'accompagnent pas d'actions concrètes, elles ne resteront que des vestiges dans le musée de notre esprit. Ce sont des choix concrets et l'action qui ont permis à des personnes comme Steve Jobs de réussir avec Apple et Bill Gates avec Microsoft.

De la même manière, les Alliés ont déjoué les troupes allemandes en trompant leur vigilance dans le Pas-de-Calais pour réellement débarquer en Normandie. Cette erreur stratégique a contribué à la défaite allemande et ouvert la voie à la libération de la France, Paris étant libéré en août 1944.

En somme, faisons le choix du succès en agissant.

L'un de mes mentors, l'admirable Dr. Myles Munroe, disait un jour : « Le succès ou l'échec dans nos vies sont toujours le résultat de nos décisions. »

Nous devenons ce que nous décidons d'être, c'est-à-dire ce que nous choisissons.

CHAPITRE V : QUELQUES PERSONNES QUI ONT CONNU LE SUCCÈS GRÂCE AUX CHOIX QU'ELLES ONT FAITS

L'histoire regorge d'exemples inspirants de personnes ayant connu le succès grâce à leurs choix courageux et réfléchis. Dans ce chapitre, nous explorerons les parcours de quelques individus qui ont su saisir les opportunités qui se sont présentées à eux et prendre des décisions déterminantes pour leur épanouissement personnel et professionnel.

SECTION 1 : Abraham LINCOLN

Seizième président des États-Unis, Abraham Lincoln est né le 12 février 1809 et a été assassiné le 15 avril 1865 à Washington. Il est le premier président à avoir été élu deux fois, en 1860 et en 1864.

Voici son histoire inspirante :

Né dans la pauvreté, Lincoln a perdu huit élections et a souffert d'une grave crise nerveuse, ainsi que de nombreuses autres épreuves qui ont fait de lui une source d'inspiration pour beaucoup.

Chronologie des événements marquants :
- 1816 : La famille Lincoln est chassée de leur maison. Abraham doit alors travailler pour subvenir aux besoins de sa famille.
- 1818 : Il perd sa mère.
- 1828 : Il perd sa sœur bien-aimée.
- 1831 : Il fait faillite.

- 1832 : Il se présente aux élections législatives et est battu. La même année, il perd son emploi et est refusé au concours d'admission en droit.

- 1833 : Il emprunte de l'argent à un ami pour lancer une affaire, qui fait faillite avant la fin de l'année.

- 1834 : Il se représente aux élections législatives et est élu.

- 1835 : Il prévoit de se marier, mais sa fiancée décède, le plongeant dans une dépression de six mois.

- 1838 : Il se présente à la présidence de la Chambre des représentants de l'Illinois et est battu.

- 1842 : Il rencontre celle qui deviendra sa femme, avec laquelle il aura quatre enfants, dont trois décéderont.

- 1843 : Il se porte candidat au Congrès et perd.

- 1845 : Il se représente au Congrès et perd à nouveau.

- 1846 : Il est élu au Congrès, mais échoue à sa réélection en 1848.

- 1849 : Il postule pour un poste d'agent de terres dans son État natal, mais ne l'obtient pas.

- 1854 : Il se présente au Sénat et est battu.

- 1856 : Il se porte candidat à la vice-présidence, obtenant moins de cent votes.

- 1858 : Il se représente au Sénat et est de nouveau battu.

- 1860 : Il est élu président des États-Unis d'Amérique.

Avec un parcours aussi difficile, combien d'excuses aurait-il pu présenter ? N'aurait-il pas eu le droit de se contenter des petites victoires avant la présidence ? Pourtant, il a continué à se battre sans relâche, encaissant les coups pour devenir l'un des plus grands présidents que l'Amérique ait connus. Il a offert la définition la plus célèbre de la démocratie *: "Le pouvoir du peuple, par le peuple, pour le peuple."*

Lincoln a joué un rôle crucial dans l'abolition de l'esclavage aux États-Unis.

Le problème est que nous abandonnons souvent lorsque les choses deviennent difficiles, lorsque la pression augmente. Pourtant, nous oublions que la pression crée des diamants. Ce sont les personnes opprimées, pressées ou confrontées à des difficultés qui se distinguent et deviennent des modèles pour les autres.

Le chrétien opprimé doit comprendre que ce ne sont pas tous les hommes qui sont opprimés. Les épreuves et les défis auxquels seuls David et Joseph sont confrontés sont conçus pour mettre en lumière leur force intérieure, leur détermination et leur capacité à surmonter l'adversité. Ces tribulations sont le creuset dans lequel leur mission et leur gloire se forgent, les préparant à accomplir des choses extraordinaires et à briller d'une lumière unique dans ce monde.

Acceptons la pression, car elle est le chemin vers notre renommée glorieuse.

SECTION 2 : Thomas EDISON

Thomas Edison a tenté à plusieurs reprises avant d'obtenir la "lampe à incandescence". Il a déclaré : "Je n'ai pas échoué, j'ai trouvé dix mille façons qui ne fonctionnent pas. Je ne me décourage pas, car chaque tentative échouée est un pas en avant vers la réussite."

Le fruit de sa ténacité nous est si précieux aujourd'hui que, sans lui, même la maison la plus luxueuse serait amputée d'une partie essentielle : l'ampoule électrique.

Dans le même esprit, Henry Ford a dit : "L'échec est seulement l'opportunité de recommencer d'une manière intelligente." Les échecs que nous rencontrons sont des étapes qui nous mènent vers l'amélioration et la réussite de nos objectifs.

"Poursuivons sans relâche, car au bout de la persévérance se trouve une ampoule électrique qui nous attend."

SECTION 3 : DÉMOSTHÈNE

Démosthène est l'un des plus grands orateurs et avocats de l'histoire. Son parcours est particulièrement édifiant. À l'âge de 7 ans, il apprend la mort de ses parents. Son père possédait une fabrique d'épées, mais ses tuteurs, malheureusement, dilapident son héritage. À cette époque, les avocats n'existaient pas encore. En grandissant, Démosthène souhaite attaquer ceux qui ont ruiné son héritage, mais il fait face à un obstacle majeur : il bégaie et présente des tics en parlant, haussera même les épaules par moments lorsqu'il doit s'exprimer.

Pour surmonter ces difficultés, il a adopté plusieurs techniques :

- Il mettait des galets dans sa bouche pour s'exercer à réciter des vers près d'une chute d'eau.

- Il s'entraînait à parler fort en écoutant le bruit des vagues.

- Il se rasait la barbe et les cheveux pour rester enfermé et étudier le droit.

- Il fréquentait le théâtre chaque jour pour observer les gestes et la façon de parler des acteurs.

- Il faisait du sport quotidiennement pour travailler son souffle.

- Il plaçait une épée sous ses aisselles pour corriger ses tics. Chaque faux mouvement le piquait, l'obligeant à se tenir droit en parlant.

Démosthène a finalement surmonté ses défauts, remporté son procès contre ceux qui avaient dilapidé son héritage et est devenu l'un des plus grands orateurs.

Le Dr Athoms Mbuma, dans **Salela Bongo*,** affirme que "se servir de son cerveau implique d'avoir un plan, de préserver les ressources dont on dispose et d'économiser".

Utilisons notre intelligence pour élaborer des plans qui résolvent non seulement les problèmes d'aujourd'hui, mais qui anticipent aussi l'avenir. Trop souvent, au lieu de chercher des solutions, nous nous apitoyons sur notre sort. Pourtant, si nous fouillons en nous-mêmes, nous découvrirons des capacités insoupçonnées.

"Fils de Dieu, creuse encore en toi et tu découvriras qu'il y a plus qu'un Démosthène qui sommeille en toi."

SECTION 4 : Michael JORDAN (23)

Avant de devenir la légende du basket que nous connaissons aujourd'hui, Michael Jordan a dû surmonter de nombreux obstacles. D'abord, il n'a pas été sélectionné pour l'équipe de basket de son lycée, car il manquait de taille et de compétences.

Cette décision l'a profondément affecté ; il est allé pleurer dans sa chambre et était sur le point d'abandonner. C'est sa mère qui l'en a dissuadé. Au lieu de se laisser abattre, il s'est relevé et a utilisé cette expérience comme une motivation pour s'entraîner encore plus dur, cherchant à développer sa mentalité.

Jordan a finalement atteint son objectif en remportant six championnats, en étant élu cinq fois meilleur joueur de l'année et en obtenant deux médailles d'or aux Jeux olympiques. Pour donner une leçon de vie sur le succès et ses revers, il déclare avoir raté plus de 9 000 paniers.

"Enfant du Roi, choisis de te servir de tout ce qui t'a fait pleurer et deviens la légende que tu es destiné à être."

SECTION 5 : David BRAINERD

"Tu aimeras le Seigneur ton Dieu de tout ton cœur, de toute ton âme et de toute ta pensée" (Deutéronome 6:5).

Par la grâce de Dieu, David Brainerd a obéi à ce premier et grand commandement. Il priait avec une passion sacrifiée, poursuivait la sainteté parfaite et appelait les pécheurs à la repentance, tout cela par un amour ardent pour le Seigneur Jésus-Christ.

C'est un triste constat que certains chrétiens aient du mal à comprendre le zèle et l'amour de David Brainerd pour Jésus. "À ses yeux, le monde matériel et physique avait peu de valeur. Il était de la trempe des premiers martyrs. Pour lui, rien n'avait plus d'importance que d'avoir une communion toujours plus profonde avec Dieu."

Dans son journal, Brainerd écrit : *"Mon âme était possédée d'une faim et d'une soif languissantes pour la parfaite sainteté. Dieu était si précieux à mon âme que le monde, avec tous ses plaisirs, me paraissait vil. Je n'attachais pas plus de valeur à la faveur des hommes que ce que je ferais pour des cailloux."*

Il passait une grande partie de son temps en prière et consacrait fréquemment des jours au jeûne. Brainerd aimait se retirer dans les bois pour être seul avec Dieu. "La prière devint la priorité de Brainerd, et il éprouvait une joie intense à passer deux heures en communion secrète avec Christ. Il se levait tôt le matin pour s'écarter avec Dieu et se réjouir de Sa présence. Il était assoiffé du Dieu vivant, et il ne fut pas déçu."

Déterminé à partager Christ, Brainerd embrassa une vie de renoncement et de sacrifice. Il passait des heures à cheval, et son régime alimentaire se composait de pudding rapide, de maïs bouilli, de pain cuit sur des cendres, et parfois d'un peu de viande et de beurre. Son logis était une minuscule pièce en bûches, où il avait pour lit une couverture de paille posée sur des planches de bois.

David Brainerd intercédait avec ferveur et sans relâche pour les âmes perdues des Indiens d'Amérique. Souvent, il luttait si intensément à genoux dans la prière qu'il se relevait couvert de sueur et peinait à marcher droit. Comme la veuve importune de Luc 18, les prières de David Brainerd furent finalement exaucées.

Des camps entiers d'Indiens se convertirent par la puissance de Dieu alors qu'il proclamait le message de repentance et de grâce. "Des hommes et des femmes qui avaient été des ivrognes invétérés pendant des années, et des enfants âgés de 6 ou 7 ans, furent frappés de détresse dans leurs âmes. Une vague de prière et de larmes se leva, implorant la grâce. Beaucoup ne purent ni s'en aller ni se tenir debout." Les nombreuses heures passées en prière et jeûne, sa fidélité malgré sa faiblesse physique et les terribles privations qu'il endura furent finalement récompensées.

Le feu de Dieu tomba. Ce qui est remarquable, c'est que cela se produisit alors qu'il confessait que ses espoirs étaient au plus bas. Il avait été sérieusement tenté par la pensée d'abandonner, même au sommet de la gloire et des bénédictions. Brainerd assista à un changement extraordinaire dans la vie des Indiens. Il nota dans son journal : *"Je ne connais aucune assemblée de chrétiens où la présence de Dieu soit aussi forte, où l'amour fraternel rayonne autant..."*

David Brainerd déversa pendant quatre courtes années une coupe de passion sainte, de prière et de prédication. Il exerça son ministère de 1743 à 1747 et mourut de la tuberculose à l'âge de 29 ans.

Brainerd écrivit dans son journal *: "J'aspire à être, jusqu'à mon dernier souffle, une flamme de feu flamboyant dans le service divin et à construire le Royaume de Christ."*
Sa prière fut pleinement exaucée, et sa vie l'inscrit parmi les héros de la foi, au même titre que John Wesley, Martin Luther et bien d'autres.

« La prière façonne l'histoire. »

CHAPITRE VI : ON A TOUJOURS LE CHOIX

Dans un monde où les circonstances semblent souvent dicter nos actions, il est essentiel de se rappeler que chaque situation nous offre la possibilité de choisir notre chemin. À force de vivre et d'être exposés à diverses réalités, nous avons compris, par la grâce de Dieu, qu'en dépit des épreuves, « on a toujours le choix » :

- Le choix de réussir ;
- Le choix d'agir avec diligence et ponctualité ;
- Le choix de ne pas pécher ni de répéter les mêmes erreurs ;
- Le choix de respecter Dieu ;
- Et même le choix d'être heureux, malgré les péripéties que la vie nous réserve.

Notre couple a traversé, avant notre mariage, des moments très éprouvants :

1. Nous avons rompu trois fois et tenté de mettre fin à notre histoire plus de vingt fois.

2. Par manque d'argent pour payer le commissionnaire afin de trouver une maison, nous avons dû marcher sous le soleil pour la chercher nous-mêmes.

3. À cause d'une erreur concernant le gardien d'une parcelle où j'étais locataire, j'ai dû dormir à la belle étoile.

4. Plus de quatre fois, nous avons perdu notre capital et avons été contraints de repartir à zéro dans notre modeste entreprise.

Je ne cite que quelques exemples, car la liste n'est pas exhaustive. Ces raisons auraient pu nous conduire à l'abandon. Mais non, pour nous, elles ont été une force nourricière qui a donné naissance à cet ouvrage. Après tout, nous avons eu le choix !

SECTION 1 : FACE AUX CIRCONSTANCES QUI SE PRÉSENTENT À NOUS

Une vérité s'impose à ce niveau : si vous choisissez de faire dépendre votre bonheur des personnes ou des circonstances extérieures, vous êtes mal parti. Cela devient un problème que vous vous imposez, et vous devez en assumer les conséquences. Savez-vous pourquoi ? Parce que les circonstances, tout comme les humeurs, sont aléatoires. Elles nécessitent parfois une patience accrue avant de s'améliorer, risquant ainsi de décevoir toutes nos attentes.

Combien de fois avons-nous été heureux grâce à des circonstances favorables ? Combien de moments où ces mêmes circonstances ne l'ont pas été, provoquant chez certains une dépression et une attitude bizarre, les poussant à se dévaloriser ou à penser qu'ils sont maudits ?

Si vous choisissez d'être heureux en fonction des événements extérieurs, vous serez constamment déçus, car les circonstances de la vie ne dépendent pas toujours de nous. L'apôtre Paul affirme dans l'épître aux Romains : « Car je ne fais pas le bien que je veux, et je fais le mal que je ne veux pas » (Romains 7 :19). Il ajoute : « ...alors que je veux faire le bien, c'est le mal qui est à ma portée » (Romains 7 :21b).

Si l'on comprend bien sa pensée, il existe des circonstances qui dépassent notre volonté. Elles ne dépendent pas de nos désirs, mais s'imposent à nous sans que nous le voulions. Toutefois, si vous choisissez d'être heureux en fonction de ce qui vous arrive, vous vous inscrivez parmi ceux qui ont décidé de se priver de cette béatitude :

« Heureux ».

SECTION 2 : FACE AU PÉCHÉ COMMIS OU À COMMETTRE

Dans la section précédente, nous avons vu, à travers le passage de Paul, comment certaines circonstances peuvent dépasser notre volonté dans leur survenance.

Cependant, cela ouvre la voie à la possibilité de toujours avoir le choix, même en présence de cette supra-volonté.

L'apôtre Paul déclare : « *Que dirons-nous donc ? Demeurerons-nous dans le péché afin que la grâce abonde ? Loin de là ! Nous qui sommes morts au péché, comment vivrions-nous encore dans le péché ? Ignorez-vous que nous tous qui avons été baptisés en Jésus-Christ, c'est en sa mort que nous avons été baptisés ? Nous avons donc été ensevelis avec lui par le baptême en sa mort, afin que, comme Christ est ressuscité des morts par la gloire du Père, de même nous aussi nous marchions en nouveauté de vie* » (Romains 6:1-4).

Avec cette affirmation, l'apôtre atteste que, malgré les circonstances supra-volontaires ou la récidive dans certains péchés, « nous avons toujours le choix ». Même si nous péchons et que Dieu, dans sa miséricorde, nous pardonne, cela ne signifie pas que nous n'avons pas de choix. Refuser de pécher et marcher dans une nouveauté de vie est déjà un choix en soi.

Dans le même sens, l'apôtre Jean affirme : « Or, vous le savez, Jésus a paru pour ôter les péchés, et il n'y a point en lui de péché. Quiconque demeure en lui ne pèche point ; quiconque pèche ne l'a pas vu, et ne l'a pas connu. Quiconque est né de Dieu ne pratique pas le péché, parce que la semence de Dieu demeure en lui ; et il ne peut pécher, parce qu'il est né de Dieu » (1 Jean 3:5-6 et 9).

Pour ceux qui chutent dans leur marche avec le Seigneur ou trébuchent à cause d'un péché, il ne faut pas s'arrêter là ni se laisser submerger par la culpabilité. Au contraire, ils devraient suivre ce que le Seigneur commande à l'église d'Éphèse dans Apocalypse 2:5a : « Souviens-toi donc d'où tu es tombé, repens-toi et pratique tes premières œuvres. »

De même, ils doivent se rappeler qu'il y a une bénédiction pour ceux qui supportent patiemment la tentation. La Bible, en tant que Parole puissante de Dieu, nous enseigne que ceux qui traversent des moments de faiblesse peuvent trouver le désir de regretter leurs péchés, de les confesser à Dieu et de prendre la décision de renoncer à ces faiblesses.

Celui qui agit ainsi ne se contente pas de bénéficier du pardon de Dieu et de l'effacement de ses iniquités, mais il doit aussi se rappeler qu'à Golgotha, Christ a, par son sacrifice plein d'amour, vaincu le péché et nous a accordé l'état heureux du pécheur pardonné, du fils ou de la fille justifié(e).

En choisissant de rester dans cette démarche, en abandonnant le mal, le terme « heureux » nous revient. Et le ciel s'impatiente de nous voir revenir au bercail.

SECTION 3 : LE CHOIX QUE NOUS AVONS FAIT

En général, c'est après avoir vécu une expérience, après une histoire personnelle ou la comparaison avec un passé, qu'on arrive à des conclusions similaires à celle de l'apôtre Paul : « Je regarde mon passé comme de la boue… »

Pour notre part, c'est également à l'issue d'une longue confrontation avec la vie que nous avons fait un choix clair : faire dépendre notre bonheur de couple non pas des circonstances extérieures, souvent déstabilisantes, mais de l'intérieur, où se trouve le Christ, qui règne comme Roi et sur qui tout dépend. En lui, qui vit en nous, nous puisons toute notre joie. Ainsi, nous choisissons d'être heureux pour la vie, et la joie de l'Éternel, qui est notre soutien dans cette décision, nous y maintiendra. Si le monde ne nous accepte pas, nous choisissons de continuer à être heureux en Jésus, car nos noms sont inscrits dans le livre de vie.

Certes, la vie chrétienne n'est pas facile ici-bas. Mais si nous faisons face à des persécutions dans le monde, en famille ou parmi nos amis à cause de Christ, nous serons heureux de nous conformer aux Écritures et de supporter patiemment ces épreuves, car la couronne de gloire qui nous attend est bien plus grande que les persécutions que nous subissons. Mon supérieur peut être hostile envers moi et faire de son mieux pour me le faire sentir, mais je reste heureux, car mon Rédempteur est vivant et se lève toujours en dernier.

Cependant, ce n'est pas grâce à une force quelconque, mais bien par la puissance de celui qui a la force en lui, Dieu (Psaumes 62:12).

SECTION 4 : LE SEUL ET L'UNIQUE MEILLEUR CHOIX QUI SOIT

Le Seigneur Jésus a le dernier mot pour toi, qui te sens le plus mauvais de tous à cause des erreurs que tu as commises. Sache que c'est parce que tu n'as jamais choisi d'être l'enfant heureux de Dieu que tu te trouves dans cet état. Jésus t'aime profondément et désire faire de toi son enfant le plus heureux, si tu l'acceptes comme Seigneur et Sauveur personnel.

Ose faire ce choix et tu verras combien il rendra ta nouvelle vie en lui joyeuse. N'oublie pas, tu as toujours le choix !

Il est vrai que je ne crois pas en la prédestination à l'enfer pour l'homme, car chacun a toujours le choix. Si certains étaient prédestinés à l'enfer et d'autres au ciel, nous arrêterions immédiatement d'évangéliser, car cela ne servirait à rien. Il suffirait d'attendre de voir le sort des uns et des autres, sans agir.

Cependant, en tenant compte de la mission que notre Seigneur Jésus nous a confiée dans Matthieu 28:19, son désir est que tous les hommes soient sauvés et parviennent à la connaissance de la vérité. Il est donc nécessaire de réfléchir autrement. Dans son amour, le Seigneur suggère à l'homme le meilleur choix à faire face à la vie et à la mort qui lui sont proposées.

C'est ainsi donc que nous trouvons la raison de notre foi, la force de notre écriture et un sens à ce développement. Et comme l'apôtre Paul, écrivant aux Romains, affirmait : « Car je n'ai point honte de l'Évangile, c'est la puissance de Dieu pour le salut de quiconque croit,…» (Romains 1 :16). Nous partageons cette assurance à cause du choix que nous avons fait.

En attendant, recevez la paix au nom du Seigneur Jésus, notre Sauveur, lui qui est et demeure le meilleur choix qui soit.

Il est vrai qu'il existe des circonstances imprévisibles qui nous surprennent sans avertissement, nous laissant peu de choix. Cependant, même dans ces situations indésirables, nous avons la possibilité de les traverser différemment. C'est notre responsabilité de choisir l'attitude qui nous permettra de tenir bon, plutôt que de nous laisser entrainer vers le bas.

Sachez que la joie est un choix, tout comme la positivité et l'optimisme. L'amour, lui aussi, s'ajoute à cette liste.

ÉPILOGUE

Alors que ma femme et moi étions fiancés et nous préparions au mariage, nous avons connu de nombreux désaccords qui ont failli mettre fin à notre belle relation. Mais Dieu merci, elle a eu la sagesse de s'assumer dans le choix qu'elle avait fait, se fortifiant par cette phrase : « **On a toujours le choix.** »

Cette phrase, qu'elle m'a partagée, a été l'inspiration pour réaliser ce livre. La rédaction de cet ouvrage, cher lecteur, est née de notre désir de prouver à nous-mêmes, et à tous nos lecteurs, que la vie de l'homme est le résultat des choix qu'il subit ou effectue. Cela exige un sens aigu de la responsabilité, ainsi que la capacité de prendre les bonnes décisions, afin que nos choix soient bénéfiques.

Nous avons ainsi exploré la source même du choix, où nous avons compris que choisir signifie privilégier une option — qu'il s'agisse d'une chose, d'une idée, d'une action ou d'une personne — par rapport à une autre. Cela implique de savoir prendre des décisions. Dieu a agi de la même manière depuis la fondation du monde en nous dotant de la capacité de faire des choix, tout en nous appelant à privilégier les bonnes choses. Il est dit : « ...j'ai mis devant toi la vie et la mort... Choisis la vie, afin que tu vives, toi et ta postérité » (Deutéronome 30:19) ; et « ...que tout ce qui est vrai, tout ce qui est honorable, tout ce qui est juste, tout ce qui est pur, tout ce qui est aimable, tout ce qui mérite l'approbation, ce qui est vertueux et digne de louange, soit l'objet de vos pensées » (Philippiens 4:8).

Nous avons examiné de près les divers aspects du choix. Il nous demande, à l'image de Dieu, d'assumer nos responsabilités et de nous mettre d'accord sur les options à choisir chaque fois que l'appel nous est lancé. Nous avons brièvement énuméré une liste de fausses croyances auxquelles de nombreuses personnes adhèrent et que nous considérons comme dangereuses en matière de choix. Ensuite, nous avons présenté le bon choix, comment le faire et comment devenir un bon décideur.

À travers des exemples concrets, nous avons proposé des modèles à suivre et souligné la satisfaction qui accompagne un choix bien fait. Tout cela nous a conduits à la conclusion que nous avons toujours le choix.

Dans son livre *100 lois pour s'enrichir*, Richard Templar observe : « Les riches forment une population diversifiée, parmi laquelle vous trouverez aussi bien des gens distingués que des gens grossiers, des intelligents que des stupides ; ceux qui ont du mérite et ceux qui n'en ont pas. Cependant, une chose est sûre : chacun d'eux s'est levé à un moment donné pour dire : Oui, j'en veux ! »

De même, nous croyons qu'à la lecture de ce livre, votre force de volonté et votre capacité à prendre de bonnes décisions seront nourries, et qu'en fin de compte, vous vous lèverez comme nous pour dire : « ON A TOUJOURS LE CHOIX ! »

Choisissez !

Nous savons que ce n'est pas toujours facile d'agir comme les autres, car Dieu nous a dotés d'une nature unique. Mais n'oublions pas que, en tant qu'hommes et femmes, Dieu nous a créés à son image et selon sa ressemblance. C'est cette portion du divin qui sommeille en nous qui nous permet, chacun sans exception, de faire le bon choix.

Le bon choix, c'est celui de ne pas se laisser emporter par les aléas de la vie, notre situation actuelle, le mal qui assaille le monde ou le péché.

En bref, vaillant lecteur, vous avez le pouvoir de faire la différence. S'il vous plaît, faites-le. Ne vous laissez pas abattre, car nous croyons en votre potentiel, et le Seigneur Dieu croit aussi en vous !

Bibliographie

1. Sainte Bible, version Second 21.

2. Sainte Bible, version Louis Segond.

3. Larousse illustré.

4. Internet: Google, Wikipédia.

5. John C. Maxwell, "Au-delà du talent". Les Éditions Inspiration Publishing, 2019.

6. Prof. JP Yawidi Mayinzimbi, "Le Conseiller d'orientation et l'art d'aider par la parole". Édition Révisée, Bruxelles, 2013.

7. Dr. José Muzingu, "Maximiser votre existence". Éditions Simple Book Publishing, 2014.

8. Ryan Holiday, "L'obstacle est le chemin". Éditions Alisio, 2018.

9. John C. Maxwell, "La carte routière de votre succès". Éditions Performance, 2002.

10. Dr. Myles Munroe, "But et puissance de l'amour et du marriage". Les Éditions du 20 Décembre, 2016.

11. John C. Maxwell, "Le voyage du succès". Éditions de Poche, 1997

12. Richard Templar, "100 lois pour s'enrichir". Editions Leduc.S, 2010

13. Ryan Holiday, "Le choix du courage". Éditions Alisio, 2021

Printed by Books on Demand GmbH, Norderstedt / Germany